8・15戦災と3・11震災

なぜ悲劇は繰り返されるのか

片野 勧
Katano Susumu

第三文明社

8・15戦災と3・11震災

なぜ悲劇は繰り返されるのか

はじめに

大津波に呑《の》み込まれて壊滅した町の光景と、戦災で焼け野原と化した町の姿――。戦前、戦中を生きた多くの人たちは、この二つの光景を重ね合わせて、戦後とは何だったのかとあらためて思いを巡らせたにちがいない。また福島第一原発事故による放射能被害を見て、広島と長崎への原爆投下を想起した人も多いだろう。

私は、そうした人々の思いと、戦後の復興がどのようにしてなされていったのかを求めて、東北の被災地を歩いた。最初に訪ねたのは仙台空襲のあった仙台市と震災に遭った石巻市や東松島市など宮城県。震災から四カ月が経過していたが、復旧・復興は遅々として進んでいなかった。原発事故も収束していない。

8・15戦災と3・11震災――。戦争を知らない世代が八割を超え、年々、記憶が薄れつつあるなかで、戦争体験は決して風化させてはならない。同じように、3・11東日本大震災も語り継がれていかなければならない。

先の大戦に突き進んだのも、バブル経済に踊ったのも、そして今回の原発事故も、官僚や専門家集団に委ね、それを傍観し狂奔してきた「人任せと無責任」が失敗の根底にあると指摘するメディアもある。

しかし、この地震列島に五十四基もの原発がつくられたのは、電力会社に丸ごと買収され、「持ちつ持たれつ」で骨抜きにされていたマスコミの存在も見逃してはならない。いまだ八万人以上に避難生活という理不尽な犠牲を強いて、そのうえ、農・畜産業と水産業に深刻なダメージを与えている空前の大事故にもかかわらず、日本のメディアはどれほど真実を伝えているのか。東電や官僚が恣意《しい》的に加工して発信する情報を無批判に世の中に広げているだけではないのか。

もちろん、原発マネーに群がった「政・官・財・学」も当然、責められなければならないが、断片情報を意図的に連発して、巧妙に国民を真実から遠ざけようとしているのは、いったい誰なのか。「安全神話」を垂れ流したのは、ほかならぬメディア自身ではなかったのか。

戦後、日本は平和憲法の下で不戦を貫きつつ、経済大国にまで成長し、国民の生活は物質的に豊かで便利になった。そこへ襲ってきたのが、今回の大震災である。とりわけ、原発事故は豊かさに慣れたわれわれへの警鐘ともいえる。いま、われわれは生活様式や産業構造、さらには社会の在り方まで見直しを迫られているのである。

アメリカのジャーナリスト、ジョン・リードはこう語っている。

「見せかけの〝繁栄〟と、〝自由社会〟のぬるま湯に浸って、目先のその日暮らしに流されていると、激動する時代から孤立し、取り残されてしまう」と――。

リードが一九一七年のロシア十月革命の素顔と断面を、ルポルタージュ『世界をゆるがした十日間』で描いたのは一九一九年のことである。以来、九十年余の歳月が流れた。しかし、リードのこのルポルタージュはいまもなお新鮮であり、歴史の転換期の決定的状況を生き生きと伝えている。その真価は、色あせることはない。

事実をして語らしめる――。これがルポルタージュの鉄則である。事実だけが問題に迫るライター自身を開眼させ、変革してくれる。そして問題の本質を描くルポルタージュ作品こそが、多くの読者を動かし、現実を変革し得るのである。

津波が町や村を根こそぎ押し流した3・11東日本大震災。なお決死の冷却作業が続く東京電力福島第一原子力発電所の事故は、チェルノブイリ以上の例として歴史に刻まれるだろう。

日本の敗戦もわれわれに決定的な歴史を刻んだ。戦争末期、日本の都市という都市は米軍のB29爆撃機で木っ端みじんにされた。そうしたなか、東北地方の空襲は一九四五年八月十五日の無条件降伏前の七月と八月に集中した。一般人を狙い、戦意喪失を目的とした夜間無差別殺戮《さつりく》攻撃である。

宮城・仙台空襲は七月十日未明。岩手・釜石の艦砲射撃は七月十四日と八月九日の二回。青森空襲は七月二十八日午後十時半から約一時間二十分、行われた。

ただし、福島県の郡山空襲は四月十二日正午前後、保土谷化学工場その他の工場に対する精密爆撃であった。このころ、米軍はおもに軍事工場を狙っていたためだ。その後、約三カ月間、東北地方には空襲らしい空襲はなかった。

東北で、そして日本で最後に空襲を受けたのは秋田県の土崎。無条件降伏勧告のポツダム宣言をようやく受諾し、政府が連合国側に通告した八月十四日夜にもたらされた惨禍だった。精油所が火の海と化したなかで、十五日の終戦の日を迎えた。

寺田寅彦は書いている。

「戦争はぜひとも避けようと思えば人間の力で避けられなくはないであろうが、天災ばかりは科学の力でもその襲来を中止させるわけには行かない……(中略)それだから国家を脅かす敵としてこれほど恐ろしい敵はないはずである」(小宮豊隆編『寺田寅彦随筆集』第五巻)

戦争は明らかに人間の心が起こした人災である。一方、地震や津波は突然襲う天災であろう。しかし、一瞬にして人間の命が奪われることは地震も戦争も全く同じ。ともに傷痕は大きく、被害に遭った人々の悲惨さは筆舌に尽くしがたい。

人災による生死と天災による生死――。生死の分かれ道はどこにあったのか。また被災地の人々は、それをどう受け止めているのか。

敗色濃厚な日本に対して続けられた米軍の容赦ない空襲。都市への夜間無差別攻撃は国民の戦意を喪失させるのが目的だった。しかし、何より日本の国家指導者が終戦の決断を遅らせたことが、戦禍を広げ、犠牲者を増やしたのはいうまでもない。

第二次世界大戦が残した教訓は〝決断〟である。いま、震災復興をずるずると先延ばしして、〝決断〟できないのは、戦前の政府とそっくり。そのことによって、国民を欺く大本営発表という悲劇が生まれたことを忘れてはならない。

戦後最大の、いや千年に一度といわれる3・11「東日本大震災」。いまなお、真っただなかにある〝平成の戦場〟。とくに原発事故は、目に見えない放射能の恐怖との「戦争」ではないのか。

もう一人、米国のジャーナリスト、ジョン・ハーシー。彼が原爆投下の翌年の一九四六年八月、米誌『ニューヨーカー』に「ヒロシマ」を載せたところ、たちまち三十万部が売れたという。

ハーシーは原爆の破壊力や医学的影響などを書いたのではない。権勢に縁のない六人の市民の個人的体験と内面を描いた。一九四五年八月六日午前八時十五分——。工場の女性事務員は仕事の席に着いて同僚に話しかけようと振り向いた、その瞬間、原子爆弾が広島上空に一閃《いっせん》した。

同じ瞬間、夫が戦死し針仕事で三児を育てる母親は、防火帯づくりのために壊される隣家を悲痛な思いで見ていた。ドイツ人神父はシャツ一枚で宗派の雑誌『時の声』を読んでいた。

赤十字病院（現広島赤十字・原爆病院）の若い外科医は血液標本を手に持って、病院の長廊下を歩いていた。広島の牧師は、ある豪家の門前で立ち止まり、リヤカーで積んできた荷物を下ろしかけていた。ある博士は自分の病院の縁側にあぐらをかいて、大阪朝日新聞を読みかけるところだった……。

深く傷ついて生きる、これら無名の六市民の「日常」を丹念に聞き取り、記事にしたのである。原爆によって、その「日常」が一瞬にして切断された、その後の苦難を淡々とした筆致で描いた文章は、リアルで胸を締めつける。それはハーシーの視線が低く、市民に寄り添うような一体感があるからだろう。

しかし、彼ら六人は炸裂《さくれつ》寸前のわずか一足だったり、たまたま出張だったり、電車に乗ったり……さまざまな些細《ささい》な偶然のおかげで助かったのだけれども、何か割り切れない。

ハーシーはこう書く。

「あれほど人が死んだのに、自分たちはどうして命があったのか、今でもこの六人は不思議がっている」

東日本大震災と重なってくる。「どうして、助けられなくて自分だけが生きているのか」という自責の念。それまで日常生活を分かち合って生きてきたのに、「どうして死んだの？」という心の絆の喪失感……。

いま、日本で起きていることは、第二次世界大戦の戦災に匹敵する。いや、それ以上かもしれない。家屋が流され、自動車が高台に打ち上げられている海岸沿いの町は、六十九年前の米軍による日本空襲の跡に似ている。

日本の多くの都市はＢ29によって爆撃され、みんなの目に見える惨状が展開されたが、今回は現地に行って腐った魚のにおいをかがないと、リアルな緊迫感を感じ取ることができない。

私が被災地に出かける気になった第一点は、これほどの大災害を前にして現地を見ずにいるのは、人間として、あるいはジャーナリストのはしくれとして、とても恥ずかしいと思ったからだ。第二点は、日本は空襲という大災害からどう立ち直り、いかに復興を遂げていったのか、を知りたかったからである。

もちろん、一人の力ではどうにもならないことはよく知っている。また現地へ入ることは迷惑になるから、やめたほうがよいと忠告する人もいた。しかし、千年に一度という大災害である。やはり、一歩でも足を踏み入れておかなければ、一生、禍根を残すと思ったからである。

マグニチュード9・0。日本観測史上で最大の地震だ。二〇一一年三月十一日午後二時四十六分、宮城県沖を震源とする「東日本大震災」は死者・行方不明者あわせて二万人近くの犠牲者を記録した。

これが、いわゆる「第三の敗戦」と呼ばれているものである。第一の敗戦は幕末体制が西欧文明に塗り替えられた明治維新。第二の敗戦は連合国に降伏した第二次世界大戦である。戦後日本は、焼け野原から立ち上がり、世界に冠たる「モノづくり大国」として世界第二位の経済大国になった。しかし、バブルが崩壊し、先行き不安定な経済に追い討ちをかけるように起きた大震災を「戦後の終焉《しゅうえん》」と呼ぶ識者も多い。

3・11以降、おびただしい災害情報がうんざりするほど氾濫している。延々と放映される津波映像や、新聞の紋切り型の美談報道もあった。しかし、果たして現場はどうなっているのか。この目と耳でそれを確かめたいことも、私の心を揺り動かした。

そして、空襲を体験している人たちは、この震災をどう受け止めているのか。当然、戦争体験者は七十五歳以上で、今日の日本の繁栄を築いた方々である。普通に黙々と真面目に働き暮らしてきた方々である。その方々が再び、震災という名の「戦場」に置かれ、いまなお故郷へ帰れないで呻吟《しんぎん》しているのだ。

一瞬にして生活と家族の絆が切断された彼ら彼女らの苦悩の断面を描く——。それが現地取材に行く決定的なよりどころとなった。とはいっても、行く前から構想があったわけではない。シナリオもない。取材の当てもない。太平洋戦争と今回の大震災・津波・原発事故の両方を体験した人を現地で探す以外にない。いわば、出たとこ勝負である。

大きく揺れ動く歴史の転換点のなかにあって、何の先入観も持たずに、現地へ飛び込むのもルポルタージュの一方法と考えている私は、とりあえずビデオカメラとICレコーダーとノートを持って出かけたのである。

片野　勧

目次

8・15戦災と3・11震災　なぜ悲劇は繰り返されるのか

本文写真　片野　勧（P．29、P．119を除く）
装幀・DTP　木村祐一（ゼロメガ）

第一章
ヒロシマ・ナガサキからフクシマへ

Ⅰ　二つの国策に翻弄されて

＊豊かな緑も土色一色に

昭和二十年（一九四五）八月六日、広島市に原爆が投下された。次いで三日後の八月九日、長崎市上空で原爆が炸裂《さくれつ》した。この二発の原爆投下で広島約十四万人、長崎約十万人の死者が出た。

私は福島県南相馬市に広島、長崎で被爆した人がいるというので、太平洋沿岸の「浜通り」を訪れた。二〇一二年八月二十日――。

津波に運び去られた集落は一面、雑草が生い茂っていた。ところどころにコンクリートの礎が残っていた。いつもなら豊かな緑があったのに、土色一色。無人になった、そんな殺風景な村に入った瞬間、息を呑んだ。

そこはさながら、爆風で何もかも吹き飛ばされた広島の爆心地を数十倍、拡大したような死の村だった。めくれ上がった道路のアスファルトや、湖と化した田んぼが津波の威力を物語っていた。

しかし、眼前の悲劇だけに目を奪われてはいけない。この地で育ち、地域の再生を願う人々には、また別の視線があるはずだ。福島第一原発から約二十八キロの南相馬市鹿島区大内――。後ろには山があり、そこから海のほうを見ると、広大な田畑が広がっている。閑静な佇《たたず》まいに時折、聞こえる野鳥の声。

ここで酪農を営む岡実さん（八七）宅は、津波が数百メートルの地点まで押し寄せたが、少し高台に建っていたために難を免れた。港から一キロ近く離れていた。岡さんは振り返った。

「津波があと一メートル高かったら、家は流されました。六十頭の牛も全滅したと思います」

危うく助かった。ところが、もっと恐ろしいものが襲ってきた。それが原発事故による放射能汚染。野菜は塩害と放射能の影響でつくれない。コメづくりもあきらめた。

「これがいつまで続くかわからない。放射能は怖いよ。コメはつくりたいけど、役所がつくってはいけないという。以前はつくれ、つくれと言っていたのに」

＊広島は一瞬に破壊された

「ピカッ」

一九四五年八月六日午前八時十五分。広島市の上空で人類史上はじめての原子爆弾（ウラニウム爆弾）が炸裂した。

そのとき、岡さんは爆心地から二キロの広島市南区の旧陸軍船舶通信補充隊（通称・暁部隊）の兵舎の二階で寝ていた。当時、十九歳。この日は連日の防空壕づくりで疲れきっていたので、午前中は就寝休暇だった。兵舎は二階建てで一部屋定員七十五人程度。ベッドは狭く、幅五十センチぐらい。

「ピカッと光って、ドーンという轟音《ごうおん》に飛び起きました。兵舎は吹き飛ばされました」

棟が落ちてきて瓦がガラガラと崩れた。目の前は土煙で見えない。誰が倒れているか、わからない。原爆の惨禍をじかに体験した。

「胸が圧迫されて苦しかったことを覚えています」

下着姿で裸足のまま、近くの比治山に向かった。焼けたがれきを裸足で踏み越える。

「兵隊さん、助けて。兵隊さん、水、水……」

髪の毛が抜け、男女の区別がつかない小さな子どもたちが、消え入るような声を出していた姿はいまも目に焼き付いている。古井戸から水を汲んで子どもたちに飲ませた。

四囲を見渡すと、地上も空も真っ黒い不気味な雲ができていた。「キノコ雲」である。

岡さんは死者の搬送や負傷者の救助に駆り出された。やけどのひどい人は皮がむけていた。

「生まれて初めて、死んだ人の体に触れて運びました。死体は硬く伸びたままで随分、重いものだと感じました」

爆風は家屋を倒壊させ、放射能を含んだ「黒い雨」を降らせた。放射線は人体の細胞を破壊し、爆心地から一キロ以内にいた人は大半が死亡した。

岡さんは大正十五年（一九二六）二月、福島県相馬郡鹿島町に生まれ、昭和十八年（一九四三）に軍需省に入り、大阪の近畿管理部で約半年間、勤めた。その後、昭和二十年（一九四五）四月二十四日ごろ広島の船舶通信補充隊第一六七一〇部隊に現役召集され入隊したばかりだった。通信の幹部候補生で毎日、モールス信号の訓練に励んでいた。最後の二等兵だった。

八月十五日の終戦の放送は、無線機を通して聞いた。部隊は九月二十日に解散。ところが、生家では終戦後、一カ月以上もたつのに、岡さんの消息がつかめず心配して、いとこや姉たち三人が広島まで迎えにきた。

「私だって手紙を出そうと思っても、着くかどうかもわからない混乱状態で連絡のしようがありませんでした」

九月下旬。ようやく故郷に戻ったが、一年間は体がだるくて倦怠感《けんたい》を覚えた。「原爆ぶらぶら病」と呼ばれる原爆特有の倦怠感だった。しかし、幸いにもその後、体には異常はなく、五年後に酪農を始めた。

その二年後の昭和二十七年に結婚し、三人の子どもに恵まれた。後遺症を恐れていたが、その喜びは想像以上に大きかった。二世検診でも異常なしで孫も七人。五年前にはひ孫が生まれた。助かったのは「奇跡だった」と思う。

＊偏見恐れ、「被爆」を伏せていた

「でも、当時は不安でした。結婚したときも、被爆のことは伏せていたんですよ」

妻のフク子さん（八四）に黙っていた。〝隠れ被爆者〟――。岡さんだけでなく、多くの被爆者は結婚のとき、そのことを語っていない。たとえ配偶者には打ち明けても、子どもには隠し続けた。それが被爆者の人生観となっていたのだろう。

当時、原爆の意味も知らないまま、「紫斑が出た」といった症状を目の当たりにした人たちの間に、「被爆者に触ると、うつる」という偏見と誤解が生まれた。健康被害はもとより、本当の被害は人権にかかわる精神的被害だった。

福島第一原発事故でも、被曝《ひばく》を恐れ、福島県から避難してきた子どもたちが「放射能が怖い」と偏見を持たれるケースがあった。公園で遊んでいると、地元の子どもたちから露骨に避けられた。そのために子どもたちは深く傷つき、両親らは別の場所へ避難した。

タクシーの乗車や病院での診察を拒否された人もいる。知識の欠如に基づく差別と偏見

――。「あの人はフクシマの被曝者」というレッテルが「差別」という目に見えない深刻な事態を生む。ヒロシマ・ナガサキ以来、深く静かに日本社会をむしばんできた病巣といってもよいだろう。

岡さんは原爆手帳を県に申請したが、却下された。その後、同じく広島の宇品の軍隊にいたNさんの証言で、ようやく交付された。岡さんは怒りを込めて語っている。

「原爆なんて戦争の最後の手段で使ったのでしょうが、ひどいものです。いまはお金が万能な世の中ですが、お金のために国と国とが対立するのをなくさなければ戦争はなくならないと思います」

＊被爆後、酪農に生きてきた

ヒロシマ被爆後、岡さんは酪農とともに生きてきた。昭和二十五年（一九五〇）、一頭から飼い始めた。その後、北海道で乳牛を買い付けるなどして六十頭まで増やした。最盛期には一日七百リットルの牛乳を出荷。長男もあとを受け継ぎ、親子で牛の世話をした。

岡さん一家は平和な生活を送ってきた。その平和を奪ったのが福島第一原発事故だった。酪農に必須の水の確保ができなくなった。放射性物質のあおりを受けて、牛乳の出荷もできなくなった。それは酪農家にとって「死」を意味する。そこへ屋内退避区域の指定も受けた。

「事故が起こるまで原発など考えたこともありません。牛乳を捨てるなど夢にも思いませんでした」

岡さんは原発事故で停電と断水の被害に遭い、家族五人とともに自宅を離れ、福島県内の親類宅や山形県河北町の避難所、ホテルなどを転々とした。二十日ぶりに帰宅したときは、すでに長男が手塩にかけた六十頭の牛すべてを売り払ったあとだった。酪農はあきらめ、搾乳機も手放した。

東日本大震災で建物には大きな被害はなく、いまは落ち着いた生活に戻りつつある。ただ、原発から二十～三十キロ圏内の「緊急時避難準備区域」に当たるため、いつでも逃げられるように荷物はまとめている。

長男は乳牛の代わりに肉牛の繁殖牛六頭を購入した。しかし、今度は放射性セシウムで汚染された稲わらの問題が浮上しているという。

＊牛の涙

私は岡さん宅に取材でうかがったのは、三月十一日の震災から一年五カ月余りたった、暑い盛りのころだった。原発事故は収束するどころか、牛肉をはじめ食べ物の汚染の実態が次々に明らかになり、影響は拡大していた。

　この終わりの見えない事態を岡さんはどう見ているのか。牛との生活の日々について聞いてみた。

　――原発事故で牛はどうでしたか。

「私は昭和二十五年（一九五〇）に一頭から飼って、原発事故が起こるまで六十頭いたんですが、放射能で全部、売り払いました。牛の値段は軽く見て、三千万円、損しちゃいました。でも、お金を一度に出して集めたんではなく、少しずつ増やしていったから、まだいい」

　――命を奪われるような気持ちでしょ？

「金の問題ではありません。牛も生き物、人間と同じ。売り払われるのがわかっているのか、目に涙をためていました。かわいそうでした」

　――どんなふうに泣くんですか。

「泣くといっても、声はあまり出さないけれども、涙、ポロポロ出してね」

　この話を隣で聞いていた長男のお嫁さんが言う。

「いや、声を出して泣いていましたよ。本当にかわいそう。自分の子どもみたいで……。牛たちには申し訳ない気持ちでした」

手放したときの牛の表情を思い浮かべたのか、嫁さんも顔を後ろに向けて、すすり泣いていた。私も一瞬、声を詰まらせた。

＊二つの国策に翻弄されて

私は原発災害について、どう思っているかを尋ねた。

――政府の対応については？

「正直な政治をしていればいいけど、情報を知らさないから国民は政府を信用しない。政治家は国のために働くといっていながら、何もしてくれない」

――原爆と原発という二度の国策に翻弄《ほんろう》されて、どう思われますか。

「私の考えでは原爆も原発も同じです。原爆は人を殺すためにつくられました。原発はエネルギーのためですが、同じ核です。原爆と原発という二つの国策にいったい、いつまで翻弄され続けねばならないのでしょうか。原爆は絶対に許せません。原発はいつでも止められるという条件をクリアしなければ、稼働してはいけません」

この言葉は原発を推進してきた者たちへの抗議であり、同時に心からの願いのように聞こえた。国のカジ取りにもまれて、使い捨てにされてしまうのか――。岡さんの一語一語は胸に迫る。六十八年前に原爆放射線にさらされ、いままた放出の続く原発の放射線の脅威に直面するとは……。岡さんはやりきれない思いで日々を送る。家や仕事を失う不安も募る。

原爆による被爆と原発事故による被曝――。漢字は一字ちがうけれども、核が持つ本質的な脅威は変わらない。

「放射線は色もにおいもない。原爆はボーンと音を立てて炸裂したけれど、原発は音もなく、ちょびちょび出ているから、怖《こわ》い」

原爆のエネルギー放出は十秒ほどだが、原発のエネルギー放出はいまも続いている。しかし、原爆と原発の障害はともに体と心をむしばむ。放射線被害の恐ろしさだ。

＊「原子爆弾の完成を急げ」

米軍による二発の爆弾は歴史を変えた。広島の「リトルボーイ（ちびっ子）」と長崎の「ファットマン（太っちょ）」――。その蛮行は人類史に刻印されなければならない。かたや大日本帝国も原爆開発を進めていた。

二〇一二年十一月二十四日。私は東日本大震災で事故が起きた東京電力福島第一原子力発電所から南西約六十キロの福島県石川町を訪れた。人口約一万八千の小さな町で、第二次世界大戦中、原爆開発に動員された人がいるというので、その人に会うためである。

日本の原爆研究は一九四一年四月、陸軍航空技術研究所が理化学研究所（理研）に委託して始まったとされる。責任者の仁科芳雄博士の「ニシナ」の頭文字（カタカナの「ニ」）をとって「ニ号研究」とコードネームで呼ばれた。このほか、旧海軍が京都帝大に委託して進めた「F研究」もあった。

「原子爆弾の完成を急げ」

一九四四年七月、マリアナ諸島のサイパン、テニアンがアメリカに占領された。ここは戦略上、重要な拠点だった。なかでもサイパンは重要な航空基地。もし、ここを失えば、日本と南方の資源地帯を結ぶ海上交通路は遮断されてしまう。

それだけではない。アメリカ軍がここの基地を押さえれば、日本本土は容易に爆撃圏内に入ってしまう。軍部はサイパンを失ったことで、原爆開発を急いだ。

昔から石川町は希少な鉱物産地として知られ、いまも山間部にペグマタイト（巨晶花こう岩）の白い岩肌があちこちに見られる。陸軍はペグマタイトに含まれるわずかな天然ウランに目をつけ、国内でのウラン確保にわずかな望みをつないだ。

東京から仁科博士の門下生で後に日本化学会会長となる飯盛里安博士が派遣され、一九四五年春、第八陸軍技術研究所の協力のもと、実験室と工場「理研希元素工業扶桑第806工場」からなる飯盛研究室が稼働を始めた。

原爆の原料となるウラン鉱石の採掘場跡で説明する有賀さん

＊鉱石採掘に動員された少年たち

昭和二十年（一九四五）四月から、旧制私立石川中学校（現私立石川高校）の三年生約百五十人が原爆の原料となるウラン鉱石の採掘に約四カ月間、動員された。いずれも十四、十五歳の少年たちだった。婦人会も駆り出され、官民一体となって原爆開発が進められた。

そのなかの一人、元小学校校長で当時十四歳だった有賀究《きわむ》さん（八二）は車で現場を案内してくれた。原爆開発資料のある町立歴史民俗資料館から車を西に約五分走らせると、岩肌が削り取られた斜面が見えた。通称・石川山。

「ここで採掘したんです」

周囲には白い石がゴロゴロと落ちていた。

当時、ウラン採掘場は六カ所あった。しかし、戦後は農地造成や宅地開発が進み、採掘場の遺構が残っているのは塩ノ平地区だけ。作業当時、あたりは禿《は》げ山だったが、いまは木々が生い茂っている。

有賀さんもわらじ履きでシャベルやツルハシで石を取り出し、モッコ（持ち籠《かご》）で運んだ。爪先を切り、血がにじんだ。朝八時から夕方四時まで毎日、休みなく続いた。それは終戦の八月十五日まで続いた。

「放射能を出す石を掘るのに、わらじ履きで作業させるとは――」。いま思えばあまりにも無謀だった、と有賀さんは語る。

また自分が掘っている石が何なのか、何に使われるのかも説明されていない。あるとき、陸軍技術将校が見本の石を見せながら話を始めた。

「君たちに掘ってもらいたいのは、希元素を含んでいるこの石だ。この石を原料にして爆弾を製造すれば、マッチ箱一つの大きさで、アメリカの大都市を一瞬にして破壊することができる。日本は必ず勝つ。だから頑張れ」

半信半疑だったが、ツルハシを持つ手に力が入った。しかし、採れる鉱石の種類は豊富だが、量はわずかで原爆がつくれる量のウラン鉱石はほとんど採れなかった。原爆をつくるにはウラン２３５が十キロ必要とされた。そのために天然ウランを約一・五トン、集め

ウラン鉱石の採掘に動員された人々（福島県石川町大内採石場、1945年5月15日撮影）

なければならない。

さらに天然ウランからウラン235を抽出するためには膨大な設備と資金、先進的技術が必要だったが、それは日本の国力をはるかに超えていた。結局、日本の原爆開発は失敗に終わった。

米国の原爆開発の「マンハッタン計画」に投じた費用は二十億ドル（当時の為替で約八十五億円）、人員は延べ五十四万人。これに対し、日本は約一千万円、二十人ほどの科学者。その結果は火を見るより明らかだった。

＊頓挫した極秘「二号研究」

理研ではすでに原爆研究中止を決定し、陸軍に報告していた。当時、濃縮実験を担当していた理研の検出班、山崎文男は日記にこう記している。

「一九四五年五月十五日、仁科は理研の会議室に部下の研究者を集め、ニ号研究の中止を決議した」と（『中日新聞』二〇一二年八月十六日付）。

その一カ月前の四月十四日未明、米軍機B29は東京都文京区本駒込の理研に爆弾を落とし、熱拡散分離塔のある49号塔が全焼した。東京大空襲は激しさを増し、そして八月六日、広島に原爆が投下された。

それで慌てて福島県の石川町に少将ら七、八人がきて「原爆研究の結果はどうか」と質問した。飯盛博士が「まったく見込みがない」と言うと、びっくりしてすぐに帰ったという。科学に無知な軍人たちは完全に見通しと判断を誤ったのである。

お国のため、日本の勝利のためと思って尽くしてきたことが、実は原爆開発への協力だった――。有賀さんらは世にも恐ろしい原爆製造への一翼を担っていたのである。有賀さんは植えつけられた国家権力への不信感をいまだに抱えている。

福島を舞台にした「核の悲劇」は平成二十三年（二〇一一）三月、福島第一原発事故で再び繰り返された。私は有賀さんに「もし原爆が完成していたら、日本も原爆を使用しただろうか」と問うてみた。

「間違いなく日本も原爆を落としたでしょうね。しかし、できっこなかったし、できなくてよかった。人殺しにかかわったら、本当に困ったからね」

勝つためには手段や兵器を選ばない。これが軍人に共通した思想である。私は有賀さんに今回の原発事故についても聞いてみた。

「ついこの間まで原発は絶対安全と言われてきました。でも、事故が起きました。日本は戦争に負けるはずはないと言ってきました。しかし、負けました。国の姿勢は戦中と共通しています。何も変わっていません。同じ悲劇を繰り返しています」

有賀さんの頭のなかでは戦前も戦後も国の姿勢が重なり合っているのだろう。ところで、原爆開発計画は軍事機密だった。そのために戦後、多くの証拠が闇に葬られた。その調査は暗礁に乗り上げたこともあった、と有賀さんは言う。

「核の平和利用といわれた原発ですが、制御できなかった。また日本人は原爆を落とされた被害者意識は強いが、日本が原爆をつくろうとしていたことをほとんどの人は知りません。日本人は戦争に至った歴史も学んでいません。いまの勇ましいムードは戦前と共通しています。石川の土地が原爆開発の一翼を担った、この事実は闇に葬ってはいけません。次世代の若い人たちに歴史の真実を伝えていかなければなりません」

＊原爆は交渉可能、原発は制御不能

原爆と原発――。広島・長崎の原爆投下は人間が相手なので、交渉の力で防ぐことはできただろう。しかし、原発は制御不能だ。格納容器がメルトダウン（炉心溶融）すれば、出てくる放射性物質は半減期が二億四千万年、短くても三十年というとんでもない相手で、交渉の余地はない。目に見えない制御不能という意味では、原爆より恐ろしい。

技術立国というのはまったくのまやかしで、この国の技術は初歩的なところでメルトダウンしているのではないのか。決定的なメルトダウンは、技術立国を旗印としてきた戦後日本の繁栄はまやかしであったということである。

原発事故の現場で起きていることは、まるで戦場だ。自衛隊は出動し、米軍も何度も出動した。そして天皇の〝玉音放送〟もあった。大震災から五日後の三月十六日、テレビでビデオメッセージを流し、皇居の節電を敢行し、那須御用邸の一部を被災者に開放した。千葉県や茨城県、宮城県、岩手県、福島県などの被災地を訪問し、避難所に足を運んだ。

ここで見逃せないのは、危機的状況が生じたとき、米軍や自衛隊、天皇の存在が突出して、政府に対する信頼性が失われたこと。この年に現れたこの構図を、社会学者の吉見俊哉氏（東大教授）は、「米軍や自衛隊、天皇といった権力や権威に頼った占領期の構図にほかならない」（『3・11に問われて』岩波書店）と語っている。

結局、われわれは何をしてきたのだろうか。日本とアメリカの関係は基本的に何も変わっていない。日本社会はアメリカの傘の下で経済的に繁栄したが、ずっとアメリカの占領下にいたのではないのか。

戦後六十八年間、米軍支配に苦しんできた沖縄を見れば、歴然としている。沖縄への基地負担押しつけは占領意識、植民地意識でしかないのだ。

＊発掘調査に取り組んだ元女性教師

私は有賀さんに案内されて、「幻の原爆開発」の発掘調査に最初に取り組んだという元女性教師を訪ねた。その人の名は三森たか子さんという。大正十年（一九二一）十二月十三日生まれの九十二歳。

――どういう動機でこの調査を始められたのですか。

「石川で原子力関係の工場があったということを知ったのは『読売新聞』の記事でした。確か昭和四十二年だったと思います」

昭和四十二年（一九六七）八月五日付読売新聞夕刊にはこうある。「日本にもあった原爆計画／軍事機密〝ニ号研究〟／分離装置は完成したが空襲で万事休す」

三森さんは町内の中学校で理科と社会科を教えていたが、鉱物には興味がなかった。三森さんは東京生まれの東京育ち。東京大空襲で焼け出されて、石川に疎開してきたのが昭和二十年（一九四五）三月。当時、東京・深川で教員をしていた。石川町でも教員に採用された。

——鉱山とのかかわりは？

「私は東京の科学博物館で展示されていた石川の鉱物を小さいころからよく見ていました。石川は鉱山の町として有名でしたから。石川にきて、子どもたちが水晶などいろんな石を持ってきて見せてくれました。鉱物を知らないと、子どもたちに教える資格がないと思いました。それで子どもたちに鉱山に連れて行ってもらったのが、石とのかかわりです」

調べていくと、石川町には〝幻の原爆開発計画〟があったことを知る。選鉱場の斜面に設置した機器に水と鉱石を混ぜて流し、比重の差を利用してウランを抽出していたこともわかった。

本格的に調査に乗り出したのは中学校を退職して、町立歴史民俗資料館に勤めてからである。採掘に動員されていた当時の中学生たちや関係者に当たって聞き取り調査をした。仁科博士の下で原爆開発を研究していた飯盛里安博士にも問い合わせた。それに対して毛筆で回答があった。最後の部分を採録する。

「石川でやっておりました仕事は、原子力の基礎になる鉱物即ちウラン・トリウム鉱物の探査ならびにその化学処理がおもな仕事でした。昭和五十七年九月八日　飯盛里安（数え九十八歳）」

飯盛博士は回答を寄せた後、入院。同年十月十三日に亡くなった。三森さんの研究成果は小冊子『石川における希元素鉱物研究の歴史と原爆研究』として結実した。

「原発は核の平和利用とか二酸化炭素を出さないといわれますが、使い方を誤れば核兵器と同じです。多くの人を滅ぼす『もろ刃の剣』にもなりかねません」

核エネルギーの平和利用と軍事利用は常に背中合わせだ。原発は機械文明が鍛造したもろ刃の剣と三森さんは言う。しかし、世界唯一の被爆国であるわれわれ国民は核アレルギー体質を持っていながら、福島第一原発事故が起こるまで原子力開発についてほとんど何もわかっていなかったといっても過言ではない。原発即原爆であることも。

*「絶対勝てる」「絶対安全」神話

福島県石川町で第二次世界大戦末期、原爆製造を目的にウラン鉱石を採掘していた歴史はあまり知られていない。

ヒロシマ・ナガサキ（原爆）からフクシマ（原発）へ――。原子力の平和利用は可能なのか。必ず勝てるといわれながら迎えた敗戦。絶対に安全といわれながら過去最悪の事故を起こした原発。三森さんは言う。

「戦争とエネルギー政策はちがいますが、国が推し進めた点では共通しています」

今後、原子力とのかかわりをどうするのか。日本は「絶対勝てる」と「絶対安全」という二つの〝神話〟の崩壊から何を学ぶのか。いま、大きな岐路に立たされている。

II　原発は人類と共存できない

「3・11」。午後二時四十六分、福島市に住む元福島大学長で福島県原爆被害者協議会事務局長の星埜惇《ほしのあつし》さん（八五）は自宅一階の書斎にいた。机の上のパソコンと書棚を押さえて立ったが、本はかなり落ちた。台所の茶わんや二階のタンスは倒れ、家の壁にひびが入った。

私は星埜さんに話を聞いた。二〇一三年二月九日正午を少し回っていた——。

停電で電気、ガス、水道はストップ。新聞も配達されない。テレビもラジオも聞けない。東京にいる親戚から福島第一原発が爆発したという情報が入った。〝避難しようか、それとも……〟。星埜さんは家族と相談し合った。

星埜さんは福島県原爆被害者協議会の事務局長。もし、避難していなくなれば、誰が被爆者と連絡を取るのか。被爆者はどうなるのか。逡巡した挙げ句、いまいる場所で頑張ろうと決意した。

その後、約六十キロ離れた福島第一原発の衝撃的映像が映し出された。一号機、三号機が爆発している映像だ。瞬間的に星埜さんはヒロシマ原爆のことが脳裏に浮かんだ。

＊異臭と嗚咽、死体の山々

昭和二十年（一九四五）八月六日午前八時十五分。そのとき、十七歳。旧制広島高校一年だった星埜さんは、休日で友人に広島市を案内する予定だったが、寮長の依頼で広島県呉市の実家に食料調達のため向かっていた。呉市の国鉄（現ＪＲ）広駅に着いて、広島の空に浮かぶキノコ雲を見た。

翌日、星埜さんは同じ寮の寮生を捜すために広島市内に入った。星埜さんは息を呑んだ。まだ燃え続けている赤い火。道に倒れているおびただしい数の人々。異臭と嗚咽《おえつ》。死体の山々……。呆然と立ち尽くす。

捜し当てた寮生の一人は鼻孔と唇が炭化していた。全身が焼けただれていた。もう一人は寮に帰る途中に息を引き取った。

星埜さんは一面、焼け野原となった広島を見て回った。爆心地付近の周辺では燃えるものはすべて燃えていた。路上には負傷者がまだあちこちに倒れ、放心状態で座り込んでいた。倒れている鉄塔やコンクリートの土台が掘り起こされていて、熱風のものすごさを物語っていた。寺社の境内には屋根瓦が散らばっていた。

星埜さんは遺体を焼く作業にも従事した。学校の敷地に約五畳、深さ約三メートルの穴を掘り、運び込まれる遺体を次々に投げ入れた。鉄板で覆って重油をかけて火をつけた。
「無残な姿で人間の尊厳なんてありませんでした」

＊鼻血と下痢、倦怠感に襲われた

終戦から十日後の八月二十五日。星埜さんは呉市の実家に戻った。鼻血と下痢。原爆症特有の倦怠《けんたい》感に襲われ、一カ月間、寝込んだ。この原因が、ずっと後になって「入市被爆」による影響だと知った。「入市被爆」とは救援活動や肉親捜しなどで被爆地に入って被爆した人のこと。残留放射線などで被爆したと考えられている。「間接被爆」とも呼ばれている。

その後、星埜さんは白内障と直腸がんなどの後障害《こうしょうがい》にも苦しんだ。原爆放射能によって人体が受ける影響は、「急性障害」と「後障害」の二つに大別される。「急性障害」は被爆直後から現れた症状で熱線・火災、爆風、放射線によって引き起こされ、死から逃れれば四～五カ月で収まる。

後障害はケロイドや白血病など長期にわたってさまざまな障害を引き起こすもので、被爆者の健康をいまもなお脅かし続けている。白血病は被爆から五～六週間たったころから増え始め、やがて甲状腺がん、乳がん、肺がんなど悪性腫瘍の発生率が高くなる。星埜さんは語る。

「私の場合、急性障害ではなく、入市被爆による後障害です」

原爆の後に降った広島の「黒い雨」。これを浴びると、口や鼻、皮膚などから放射性物質を取り込む。また原爆投下後に町中に漂っていた放射性物質の埃が体内に入ると、体のなかから放射線を体に出し続ける。これが「入市被爆」（間接被爆）である。

原爆で直接、被爆したわけではないのに、多くの人が原因不明の症状に苦しみながら死んでいったのは、この「入市被爆」によってである。

「これこそが本当に恐ろしいのです。しかし、入市被爆・内部被爆は国によっていままであまり重視されませんでした」

もちろん、原爆投下直後、業火のなかで死んでいった直接被爆者たちは、悲惨な犠牲者である。しかし、あの日から六十八年間、一見、健康そうに見えても、いつ原爆症が出るかと恐怖におののき、たえず不安にさいなまれてきた人たちも、大きな犠牲を強いられてきたのである。

＊原発は原爆と別だと思っていた

星埜さんは戦後、東京大学で農業経済学を学んだ。先輩の推薦で福島大学に赴任したのは昭和二十六年（一九五一）だった。星埜さんは、求められれば大学や高校で自分の被爆体験を語った。

昭和四十年代、福島県原爆被害者協議会は活動を休止していた。その再建のために、当時、田中熙巳《てるみ》・日本原水爆被爆者団体協議会（日本被団協）事務局長らの要請を受けて、福島県原爆被害者協議会を再建し、その事務局長に就任した。昭和六十年（一九八五）のことだった。

沿岸部の浜通りの富岡町、大熊町、双葉町、南相馬市などに住む被爆者には多かれ少なかれ、福島第一原発にかかわっている人がいた。「原発を批判するなら、会には参加できない」と言う人も少なくなかった。そのために会は原発に対して中立の立場を取った。

「原発はイヤだ。しかし、生活のためにはやむを得ない」

星埜さんは違和感を覚えながらも、そうした人々の声にも耳を傾けた。星埜さんの証言。

「私自身、原発は大量破壊兵器の原爆とは別だと思っていました。しかし制御不能に至った原発を目の当たりにして、認識を変えました」

核の平和利用という名の下で推進されてきた原発。しかし、福島第一原発事故でそれが過ちだったことを知った。では、どうして「国策」は誤っていたのか。それを究明しない限り、また同じ過ちを繰り返すと星埜さんは思う。

＊原発とは共存できない

「原爆も原発もその根は同じです。そもそも人類は制御不能な核を使う原発とは共存できません」――。

こう語る星埜さんは原発立地県に住みながら、長く封印してきた疑問が確信へと変わった。平成二十三年（二〇一一）三月十二日午後三時三十六分、福島原発一号機が爆発した。噴煙がもうもうと立ち込め、建屋をすっぽり覆った。

三月十四日午前十一時一分、三号機の建屋が上空に炎を放ったかと思うと、激しく爆発した。キノコ雲のような黒い煙が立ちのぼった。すでにそのとき、一号機はとっくにメルトダウン（炉心溶融）していた。しかし、政府はその事実を隠した。

星埜さんは当時を振り返って語る。

「何よりも心配したのは、被曝者の安否でした。死亡者がいなくてホッとしました。それにしても事故後の対応を含めて、政府も東電も安全管理は驚くほど杜撰《ずさん》でした。人間の命を守る気概も感じられませんでした」

星埜さんは3・11後、初めて福島県原爆被害者協議会の会報に原発批判の文章を書いた。内容は「電力会社の振りまいた安全神話」――。明確に脱原発の方向性を打ち出したのだ。

「浜通りは自然エネルギーの宝庫です。電力会社や国は自然エネルギーの開発を進めるべきです」

星埜さんの言葉に、核の平和利用を受け入れてきた歴史に決別しようという強い意志を感じた。

＊原発事故は六十八年前の構図とそっくり

さらに星埜さんは言葉を継いだ。

「広島・長崎の原爆では放射能の危険性は何も知らされず、私も放射能のなかを歩き回りました。いまも正確な情報が与えられないまま、福島の人々は疑心暗鬼になっています」

私は星埜さんの話を聞いていて、福島原発事故と六十八年前の構図はよく似ていると思った。被害の実態を過小に見積もり、メルトダウンしているのに、すぐに認めようとしない東電や原子力安全・保安院と、広島に原爆が投下されたあとも、それが原爆であると発表しなかった軍の指導者たちが重なる。

また政府が原子力災害対策本部の議事録をまったく残さなかったことと、敗戦が決まったあと、ほとんどの諜報記録を焼却し、責任の所在をわからなくしてしまった戦争指導者たちの隠ぺい体質はよく似ている。

さらに第一号機内部を調べようとした事故調査委員会に東電は「真っ暗で危険」と説明したが、実は薄明るく照明器具もあったという。これは「原発安全神話」を生き永らえさせるための偽善で、戦争を継続し本土決戦にかけ、それにそぐわない情報を黙殺した軍の指導者とそっくりである。

大事故を引き起こしたにもかかわらず、誰も何の責任も取らずに同じ場所に居続けていることと、戦争を継続し多くの犠牲者を出したにもかかわらず、戦後も亡霊のように生き永らえてきた軍の最高指導者の、その姿はよく似ている。

このように戦中、戦後も日本の構造的システムは何も変わっていないのである。星埜さんはこう強調する。

「御用学者と言われる人たちの言動を見ていると、本当に腹立たしくなります。まずは正確に情報を流してほしい」

信頼は現場の正確な情報を伝えることからすべてが始まる。危険なことがあったとしても、正確に伝える。これが専門家の矜持《きょうじ》だ。これまでの原子力学会や原子力政策の失敗は、御用学者がその矜持を捨ててしまったことにあるといってよい。

原爆から原発へ――。十五年ほど前、ＮＨＫ総合テレビは「原爆投下―10秒の衝撃」を放映した。広島に投下された原子爆弾の熱線と衝撃波によって広島の町はたった十秒で壊滅したという映像だ。

星埜さんが「キノコ雲」を見たとき、すでに広島の町は想像を絶する原子爆弾の破壊力によって壊滅していたのだ。まさに「十秒の衝撃」。原爆は十秒で大規模な破壊をもたらすが、原発は一度、爆発してしまうと、その汚染被害は原爆の比ではない。

＊北朝鮮の核実験が問うもの

星埜さんにインタビューした四日後の平成二十五年（二〇一三）二月十二日。北朝鮮は三度目の核実験を強行した。テレビ映像は北朝鮮市民の喜ぶ姿を流していた。派手なパレードやマスゲームも核実験を祝っているかのようだった。しかし、派手なマスゲームの陰で痩せ衰えた手と乾いた口で偽りの喝采を送っている国民もいたにちがいない。

私は星埜さんに北朝鮮の核実験について尋ねた。「コメントするに値しません」と言いながら、こう答えた。

「いかなる国、いかなる立場であろうと、核をつくること、持つことは絶対に許されません。しかし、北朝鮮に対しては理性的な対応をしていかなければなりません。日本は被爆国として核が人間に与える恐ろしさと核兵器廃絶をしっかり訴えるべきです」

なぜ、北朝鮮は核実験をしたのか。民衆の涙を尻目に、「金王朝」の体制を護持しようとしているのか。翻《ひるがえ》って日本も六十八年前、敗戦が決定的であったにもかかわらず、天皇制護持のために核開発を急いだのと重なる。

北朝鮮が核実験を行った翌十三日午前（日本時間）、オバマ米大統領は一般教書演説で、北朝鮮の核実験について「この種の挑発は、さらなる孤立を招くだけだ」と述べた。

終戦直前の昭和二十年（一九四五）八月初め、米国は日本に対して「爆撃によって百万人は死ぬだろう」と警告していた。しかし、日本の軍部はその警告を拒否し、戦争を継続した。その結果、広島・長崎に原爆が投下され、多くの庶民は皆殺しにされたのである。北朝鮮は日本の轍《てつ》を踏んではならないが、日本もかつては同じ道をたどったことを忘れてはならない。これが歴史の教訓である。

北朝鮮は二〇〇三年、核拡散防止条約（NPT）からの脱退を宣言し、もはや核を手放すことはないだろう。米国も大量の核弾頭を保有し、日本も実質的に米国の核の傘に入っている。そのために米国が核から手を引かない限り、北朝鮮も手を引かない。

核拡散のリスクは高まっている。核燃料のためのウラン濃縮やプルトニウム抽出の施設は軍事目的に転用できるからだ。初めは核兵器を開発する意図がなくとも、原子力の技術を蓄積していくうちに、核兵器を持とうとするのが一般的な考えだ。一九九一年に朝鮮半島で非核化宣言が出された当時、誰が今日の北朝鮮の状況を予測できただろうか。

その意味では核軍縮と脱原発は無関係ではない。しかし、残念ながら、原子力開発を進める世界的な流れは変わっていない。福島第一原発事故の教訓を伝えていくことが、日本の責務であり、原発に依存しない社会こそが現実的選択であろう。

＊再稼働より福島が最優先のはず

二〇一四年現在、稼働原発はゼロである。しかし、東電は経営再建の切り札として平成二十五年（二〇一三）九月下旬、柏崎刈羽原発六、七号機（新潟県）の再稼働を申請。脱原発の針を逆戻りさせた。いったい、日本は福島第一原発事故で何を学んだのだろうか。

福島第一原発の汚染水漏れや単純ミスが続発したことから原子力規制委員会（田中俊一委員長）は再稼働審査を棚上げする姿勢を見せていた。ところが、二カ月後の同年十一月、田中委員長は審査をあっさりと認めてしまった。完全な方針転換である。再稼働に前のめりの政府や経済界の圧力に屈したのだろう。もっとも、田中委員長は当初から、「原子力ムラの住民」とみられていた人物で、この豹変《ひょうへん》ぶりに驚くことはない。

私は星埜さんに、東電の再稼働について問うてみた。

「とんでもないことです。福島の後始末もできないのに、別の原発を運転する資格はないはずです」

いま、東電に課せられた使命は、一刻も早く汚染水問題を収束させ、そして廃炉作業に道筋をつけることである。

＊九条は日本人の心の居場所

Ｂ４サイズの大きさの封筒が私のところへ送られてきた。二〇一三年十一月十五日――。差出人は山崎健一さん（六八）。現在、福島第一原発から二十五キロの南相馬市原町区から川崎市高津区に避難している人だ。封筒を開けると、小冊子「東日本大震災から二年八カ月――報告『被災地・南相馬市から避難して』」が入っていた。

封筒の表には一カ月前に亡くなったコラムニスト天野祐吉さんの顔写真、それに天野さんの軽妙洒脱、切れ味鋭い文章が添えられていた。

「よく『憲法が時代に合わなくなったから変えるべきだ』という人がいるけれど、憲法九条の考え方というのは時代に関係ない、時代を超越していると思っているんですよ」「僕にとっては、九条はある意味で自分の、日本人としてのアイデンティティみたいなもの。これが失われてしまったら、どこで日本人としての心の居場所を見つければいいんだろうかと思う」（雑誌『広告批評』）

山崎さんは「はらまち九条の会」の事務局長。いまも避難先で会報誌『九条はらまち』

を編集し、全国に散った会員約四百人に送っている。その際、封筒の表紙の下のほうに印刷された著名人の名言を添えて送るのだという。

たとえば、宮崎駿監督「憲法九条は守るべきです」。ドナルド・キーン（日本文学者）「どんなことがあっても戦争は避けるべきだ」。シリアで取材中、政府軍の銃撃により殺害されたジャーナリスト山本美香さん「紛争地の苦しみは日本ともつながっている」など。私に送られてきたのはコラムニスト・天野祐吉さんの名言だったのである。

＊そのとき九州に旅行中だった

さっそく、私は山崎さんに会うために立川から南武線に乗った。平成二十三年（二〇一三）十二月十日午前十時ちょっとすぎ。ＪＲ武蔵溝ノ口駅にほど近いビル三階の喫茶店。

「大震災当日、妻と九州を旅行中で直接地震や津波、被曝に遭わなかったものですから、お話しする資格もなく、また何の専門家でもありませんので……」と言いながら、静かに語り始めた。

「南相馬市にいた長女やその婿、兄弟、たくさんの教え子たちが被災しました。私は生まれも育ちも南相馬市で、四十三年間、世界史・地理の高校教員でしたから、南相馬市などの窮状を少しでも伝えられればと思っています」

3・11。山崎さんは妻と九州一周ツアーに出かけ、熊本市付近で地震の連絡を受けた。この日は長崎市で一泊。翌十二日夜、羽田空港にたどり着き、横浜市の息子宅へ。南相馬市に住んでいた長女は原発一号機の爆発を受け、放射能を恐れて、自分の判断で十二日深夜の十一時、眠っている一歳一カ月の孫娘を車に乗せ、阿武隈山地を越えて六十キロ西の二本松市の伯母宅に避難した。

さらに十四日、長女と孫娘は新潟県長岡市の伯父の実家に避難。山崎さん夫妻も合流し、ここで四泊。十八日に再び山崎さんらは横浜市の息子宅へ戻る。長野県松本市の友人からの避難の誘いで移動しようとしていた前日夜、一日違いで抽選で決まった「川崎市高津区の神奈川県の借り上げ住宅」に山崎さんは妻、長女、孫娘の四人で入居。ここでの避難生活もまもなく三年になろうとしている。

長女の夫（婿）は南相馬市の消防士。地震直後の津波警告のため海岸線を巡回していたが、途中、「真っ黒い山のような」大津波をバックミラーで見ながら必死に逃げて九死に一生を得た。

その後も娘婿は高い放射線量のなか、不完全でお粗末な装備のまま、不眠不休で被災者の救助や遺体の捜索活動に当たった。しかし八月の検査の結果、「体内被曝」していることが判明。それを知ったときの山崎さんの証言。

「娘婿の数値は高くないとはいえ、本当に心配です。なぜ？　私は三十年前、広島・長崎の被爆者を調査したとき、大半の方が亡くなっていました。ほとんどの人ががんでした。放射線を浴びると後々まで影響することを知っていたからです」

山崎さんは社会科の高校教師をしていた昭和五十八年（一九八三）、教員仲間と福島県相馬双葉地区に住む広島・長崎の被爆者から聞き取り調査をした。そのときの証言の恐ろしさが脳裏に浮かんだのだろう。屋内退避区域内の南相馬市の自宅から離れて暮らすことに躊躇《ためら》いはなかったという。

「だって、一歳の孫娘のことを考えたら、逃げるしかありませんから」

山崎さんの穏やかな口調には、孫娘への尽きせぬ思いがにじんでいた。

＊時が止まったままの駐輪場

山崎さんは「はらまち九条の会」を通じて知り合った川崎の人たちと「被災体験や南相馬の現状」について話し、被災地見学会も五回開催した。三回目の平成二十四年（二〇一二）十一月七日、「川崎市たかつ九条の会」二十名をマイクロバスで案内し、福島の被災地を回った。

ＪＲ常磐線小高駅駐輪場を案内したとき、山崎さんは息を呑んだ。そこには高校生の自転車が数百台、震災当日のまま置き去りにされていた。3・11から時間は止まったままになっていた。

山崎さんはそのことを全国の人たちに伝えるため、朝日新聞の「声」欄（二〇一二年十二月十三日付）に投稿した。

「あの日の朝、ここに自転車を置き、笑顔で登校した生徒たち。震災直後に電車は不通になり、戻ることもできず、どうなったのか。現在、どこでどうしているのだろう。元気にしているのだろうか。私たちは涙が止まらなかった」

甚大な原発事故は大人だけでなく、子どもたちの将来にも大きな影を落とす――。元高校教員の山崎さんの心は痛んでいる。

＊福島第一原発事故を主題にした美術展

原発事故によって汚染されたフクシマを見つめ、またフクシマから現代社会を見つめ返す――。福島第一原発事故を主題にした「蝕―津波」「壊―原発」「萌―復興」の三連作を軸に、戦争や社会の歪《ゆが》みを表現する美術展が行われているというので、私は埼玉県東松山市の「原爆の図」を常設展示している丸木美術館を訪ねた。二〇一二年六月二十九日。「池田龍雄展」――。

同展のチラシにはこう書かれていた。

昔

ヒロシマに原爆が炸裂し、核の魔力で十数万の命が奪われたとき、一人の詩人が叫んだ。

「ニンゲンヲカエセ！」

だか、その声は何処に届いたのか。

いまフクシマで原発が破裂し、核が暴れだし、人間が虫けらのように追い払われている。土が奪われ、暮らしが壊され、作物も牛も鶏も犬猫さえも見捨てられた。だから、われわれは詩人に代わって再び、声高に叫ばなければならない。

「ニンゲンヲカエセ！」

「クラシヲカエセ！」

「スベテノイノチヲカエセ！」

＊十七歳のとき特攻隊員で敗戦

昭和三年（一九二八）、佐賀県に生まれた池田龍雄さん（八五）は十五歳で海軍航空隊に志願入隊した。国のために命を捧げるのが名誉だと信じて疑わなかった。だが、出撃しないまま特攻隊員として十七歳で敗戦を迎えた。特攻隊員になったときは、家族へ遺書を書き、声を押し殺して泣いたこともあったという。

霞ヶ浦の隊門から故郷の伊万里の家までの「復員」の旅は三泊四日かかった。満員列車が広島に近づいたころ、ようやく長い夜が明けかけた。

「ヒロシマー、ヒロシマー」という声に窓から身を乗り出して見ると、コンクリートのホームはあったが、駅舎は跡形もない。その向こうの町並みもない。代わりに人間の焦げるような異臭が車内まで流れ込んできた。

隊内のチラシには「広島に敵新型爆弾投下」とだけ書かれていた。「新型爆弾」とはこのことか、とわが目を疑ったが、見渡す限り黒焦げの荒野、異様な死の世界だった。これがたった一発の爆弾の仕業とは……。

そのあと、広島は向こう二十年間、放射能のため草木も生えないだろうと聞かされた。しかし、二十年も経ずに世界の「ヒロシマ」となって、フェニックスの如く蘇《よみがえ》ろうとは……。そして原子爆弾がその後、何千倍、何万倍と増え続けようとは……。

＊戦友への悼みと理不尽な権威

池田さんは戦後、師範学校の教師を目指したが、軍国主義者と見なされ、ＧＨＱ（連合国軍総司令部）の方針で教師になれなかった。既成の権威や秩序に縛られずに、自由な表現の世界に生きようと決意し、多摩造形芸術専門学校（現・多摩美術大学）へ入学した。

やがて岡本太郎や花田清輝らの研究会に参加し、アバンギャルド（前衛）芸術運動の道へ。朝鮮戦争が勃発し、警察予備隊（後に自衛隊となる）が創設された一九五〇年代──。池田さんは絵画によるルポルタージュの可能性を探り、炭鉱、内灘・立川などの基地闘争、水爆実験などをテーマにした作品を次々と発表し、注目を集めた。

非業な死を遂げた戦友への悼みと、戦中戦後の理不尽な権威が横行する社会への疑問を胸に、戦争や人間の精神世界を表現し続けている池田さんは抽象的、超現実的な筆致で津波、原発、復興を表現した作品を前に、こう語る。

「原発と原爆は文字面も兄弟みたい。危険であったことはわかっていた。なのに、いまでも、なくては困るという人がいる」

池田さんは原発で働く労働者の姿に、無責任な大本営体制のもとで末端兵士として死にかけた自らの戦争体験を重ねている様子だった。

III　長崎で被爆した

＊激しい爆風に襲われた

あれから六十八年――。福島第一原発事故時、原発から半径二十キロ圏内に広島、長崎の被爆者四人が住んでいた。四人の被爆者たちはさまざまに生き抜いていた。私は彼らに会うために南相馬市原町区を訪ねた。二〇一二年八月二十日午後――。

そのなかの一人、長崎で被爆した永尾大勝《だいかつ》さん(八〇)。当時、国民学校五年。十一歳だった。永尾さんは爆心地から四・五キロの自宅の庭にいた。長崎市中小島――。

B29の機体がはっきりと見えた。何かピラピラしたものが落ちてくる。米軍機が撒《ま》くビラではないか、と思った。彼は被爆体験談集『私も証言する―ヒロシマ・ナガサキのこと』(「原水爆を考える原町市民の会」編)という本のなかに「キラキラとゆっくり落ちてきた原爆のパラシュート」という文章を書いている。

それによると。彼はビラなら安心だと思って、家のなかに入った。一分ぐらい後、突然、青い閃光《せんこう》が走った。昭和二十年（一九四五）年八月九日午前十一時二分――。強烈な激しい爆風に襲われた。

「私は塀に吹き飛ばされてしまいました」

爆風で瓦などが飛んだ。幸い、塀に囲まれ、けがすることはなかった。家具は倒れ、めちゃめちゃになった。おばあちゃんと母と姉の四人で裏山の墓地に避難した。

お墓から長崎駅のほうを眺めると、駅の向こうに巨大なキノコ雲が見えた。火薬の大爆発か、工場の薬品でも大爆発したのか、と思った。キノコ雲はだんだん大きくなって、なかなか消えない。

「私たち四人は、そのお墓のところで寝たりしていましたが、自警団の人がやってきて、『夜にアメリカ兵が上陸してくるかもしれん』と言うので、夜の十一時ごろ親戚を頼って三十キロ離れた諫早に避難しました。一晩中、歩きました」

＊長崎の爆心地付近を歩き回る

翌十日。電電公社に勤めている人に連れられて、長崎の家に引き返した。父と兄に連絡をとるためだ。幸い、父も兄も無事で家に帰っていた。永尾さんは親戚の人や、近所の人を捜すために、それから約一週間、リヤカーを引いて爆心地付近を歩き回った。私は永尾さんに聞いた。

――爆心地はどんな様子でしたか。

「山里町を中心に歩いたのですが、やけどをした人、死んだ人たちの間を捜して歩きました。道に倒れている人、防空壕のなかで死んでいる人、浦上川に浮かんでいる無数の死体……。そんななかをリヤカーを引きながら捜し回りました。こんな死に様が、人間の世界にあってよいものかと思いました。全部で約二十人の親戚や知人の死体を見つけました。その死体をトタンの上に並べ、倒れた家から木を集めて火をつけ、焼きました」

永尾さんには忘れられないことがある。それは、やけどをしたり、けがをした人々があちこちに倒れていて、その人たちが「水を飲ませてくれ、水をください」と言って、足に抱きついて離そうとしない。父からは「水をやったら死ぬから絶対に飲ませてはならない」と厳しく言われていた。しかし、あれほど水を飲みたがっているのに、と考えて、その人に水筒の水を飲ませてやった。すると、本当にその人は死んだ。

「そのことがいまでも心に引っかかっているというか、気になって忘れられないのです」

しかし、このような極限状況のもと、「水を飲ませた」からといって、そのことを批判する資格は誰にもない。原爆は人々を相互に切り離し、人間が人間でなくなる地獄をつくり出すのだから。

被爆者に残る「心の傷」――。その深さ、重みを受け止めて、その意味を理解する。証言を聞き取り、その意味を探求しようとする私自身もまた、被爆という事実の前には襟を正さざるを得なかった。

地の底からのうめき声、水をくださいとうめく人は一人や二人ではない。永尾さんの「水を飲ませて死なせてしまった」という罪悪感と、それを自覚するに至った「心の傷」は何にもまして重く、深い。

＊上京しタクシー会社に勤務

8・15。戦争が終わり、その後、永尾さんは長崎商業高校の新制中学に入学、新制の長崎市立商業高校に進んだ。卒業後、長崎の食糧運送会社を経て、昭和二十六年（一九五一）に上京し、タクシー会社に勤め始めた。再び、永尾さんの証言。

「若かったので、がむしゃらに仕事をしました。原爆による放射能の後遺症なんかまったく考えませんでした」

永尾さんの体に異常が現れたのは、昭和四十年（一九六五）ごろからである。

「どうも体の調子がおかしいのです。病気にかかりやすく、治りにくい。とくに風邪をひいて寝込むことが多くなりました」

しかし、妻・マサ子さん（七三）には「疲れからきたのだろう。心配しなくていいよ」と言った。しかし、一抹の不安がよぎった。翌日も鼻血が出た。続いて吐き気、目まい、下痢。原爆症特有の症状が頻繁に起きるようになった。ちょっと力仕事をすると、手足がしびれて、ご飯茶わんも持てないほどだった。

〝もしや〟――。病院へ駆けつけた。

「放射線によるものと思われるが、詳細は不明」

医師の所見だった。

ピカ（閃光）やドン（爆風）に遭った、いわゆる外部被爆者は遅かれ早かれ、急性症状が現れ、鬼籍に入った者は多い。しかし、原爆の爆発時に市内にいなかった者に、どうしてピカやドンに直接、遭って死んでゆく被爆者と同じ症状が現れるのか。漠然とした疑問が、永尾さんの脳裏に大きく膨れ上がった。

体の外から放射線を浴びる「外部被爆」と、体のなかから放射線を浴びる「内部被爆」――。内部被爆とは、空気中や水中にある微量な放射性物質が口や鼻、皮膚から体のなかに入って、体のなかから放射線を体に出し続けることをいう。

永尾さんは、長崎原爆投下の翌日、先に書いたように、親戚の人や近所の人を捜すために、約一週間、リヤカーを引いて爆心地付近を歩き回った。そのとき、内部被爆したのである。

――それから二十五年後の昭和四十五年（一九七〇）十二月、長崎の兄弟たちに勧められて被爆者健康手帳を交付してもらう。それまでは痩せ我慢で「被爆者健康手帳なんかもらうのはいやだ」と拒否していた。

昭和五十年（一九七五）、東京で知り合った人から「南相馬は空気がいいし、温暖で住みやすい」と誘われ、福島県南相馬市へ引っ越した。しかし、体はだるく、疲れやすい。ひどいときには一カ月のうち二十日ぐらい寝ていた。

職を探しに職安にも何度か行った。しかし、仕事を見つけるのは容易でない。「長崎出身です」と言うと、「原爆じゃやだめ」と言われ、自殺まで考えたこともあった。また軽い仕事があるというので、大熊町の原発へも職を求めて行った。しかし、健康診断で高血圧ということで断られてしまった。借家暮らし。マサ子さんが働きに出て、家計を支えた。

実は、永尾さんは南相馬市にきたとき、近くに原発があることを知らなかった。

健康不安を抱え、生活は決して楽ではない。しかし、二人の子どもにも恵まれ、平和な生活を送っていた。十年ほど前には、中古住宅も買って、ずっと南相馬市で住み続けようとしていた。その矢先に悲劇が起こった。

＊妻が地震で大腿骨を骨折

そのとき、永尾さん夫妻は家にいた。午後二時四十六分――。「グラッ」。東日本大震災が襲う。大きな揺れが続いた。マサ子さんは必死に椅子につかまって耐えていたが、耐え切れなくなって倒れ、大腿骨を骨折してしまい、動けなくなった。

事故後、医師たちは放射能を恐れ、町を去った。マサ子さんは診察を受けられなかった。そうこうするうちに、福島第一原発一号機が水素爆発し、大量の放射能を放出した。永尾さんの家は福島第一原発から二十三キロ。警戒区域で避難しなければならない。

原発事故から一週間後の三月十八日。永尾さん夫妻は南相馬市が手配したバスで群馬県のホテルに向かった。避難先のホテルに着いたが、マサ子さんの腰の痛みは強まるばかり。相談しても「手術する病院は自分で探してください」と言われ、途方にくれた。

「お母さん、埼玉の病院にきて！」

埼玉県川越市の病院で看護師として働く娘からの電話だった。同じく埼玉県に住む息子が数日後に迎えにきた。三月二十三日、マサ子さんは川越市の病院に入院した。ところが、東電の計画停電で手術はできない。マサ子さんの症状は悪くなるいっぽうだった。

三月二十九日、マサ子さんはようやく手術を行い、人工骨をつけてもらった。永尾大勝さんは入間市の息子の家から約三カ月間、病院に通った。永尾さんは語る。

「そのころからです、まっすぐ歩けなくなったのが……。長崎の原爆のことが思い出されて、心と体がおかしくなりました」

＊二度も国策に翻弄されて

私は永尾さんに原発について聞いた。

「原発は全面廃止にしてもらいたいです。長崎の原爆は一気に爆発してパーッと放射能を散らしました。しかし、福島の原発事故は風に流されてジワジワと広がっていきました」

永尾さん夫妻は翌年（二〇一二）六月、避難先の埼玉県から自宅へ戻った。しかし、放射能に脅かされる生活は以前と変わらない。この怒りをどこへぶつけたらいいのか。永尾さんはいまも東電の名前を聞くと、気分が悪くなるという。東電社員に怒りを込めて、こう言い放った。

「あんたたち、少しでも原発の怖さを、放射能の怖さを知らないのか。いまはなんともないようでも、二、三年たって風邪を引いたり、吐いたり、よろけたりすんだぞ」

しかし、東電には通じない。国に対しても恨みは晴れない。再び、永尾さんの証言。

「私は原爆を落とされ、被爆しました。また原発事故で被曝しました。しかし、十分な救済をしてもらえません。事故が起きた後もちゃんとした対応もとってくれません。官僚は自分のことばかり考えて行動し、政治家は権力争いばかりで、その場しのぎ。われわれのことなんか何も考えていません」

原爆と原発――。二度も国策に翻弄され、放射能に汚染された被害者がいて国を恨んでいるというのに、国は何をしているのか。真剣に考えてほしいと、野太い声で鬱勃《うつぼつ》と語った永尾さんの、その表情は痛憤に歪んでいた。

遠くから鳥の鳴き声が聞こえる。永尾さんは肩で息を吐くと、タオルで顔を拭いた。さらに小さくたたんで、もう一度、拭いた。永尾さん宅を出ると、日はすでに西に傾いていた。時折、肌涼しい風が林を吹き抜けてすぎた。もうすぐ夜の森に本当の夜が訪れる。

戦争は人間が起こし、人間が殺し合う極限の状況を指す。とくに原爆投下の犠牲となったヒロシマ・ナガサキの人々は、想像を絶する極限の状況に叩き込まれた。また、原発事故による「核の脅威」でいまも十六万人もの人々がふるさとに戻れずに苦しんでいる。

そういう状況のなかで人間はいかにして人間の尊厳を取り戻すか。私は被爆体験を持つ永尾大勝さんに、人間の強さと鮮烈な人間ドラマを見た。

＊大熊町から会津若松市へ避難

平成二十五年（二〇一三）の年の瀬、十二月二十四日。私は朝六時に東京・立川の自宅から車で福島へ向かった。福島第一原発が立地する福島県大熊町から会津若松市に避難している女性に会うためである。塾教師の木幡ますみさん（五九）。「大熊町の明日を考える女性の会」代表。

会津若松は晴れていた。しかし、田園は真っ白い雪に覆われていた。松長近隣公園応急仮設住宅の集会場に彼女は待っていた。時計の針は午後一時を少し回っていた。ストーブを背にインタビュー。

――3・11。そのとき、どこにいましたか。

「大熊町にいました。友達四人と喫茶店でコーヒーを飲みながら、おしゃべりしていました」

友達のなかには東電の寮で働いている人もいた。彼女は寮の管理人だった。

「もし、原発事故があったら、この町には住めないよね」と木幡さんが言ったら、彼女は「そうだよね。原発は危ないよね。原発は止めなければね」。さらに「この町には女性の町会議員が一人しかいないのもおかしいよね」。

「そうよ、おかしいよ」と別の女性が相づちをうった。そのとき、揺れが始まった。午後二時四十六分。

建物は揺れ、窓ガラスは割れ、ピアノは倒れそうになった。天井は崩れた。九十歳のおばあさんを必死に支えた。家族が迎えにきてくれて、おばあさんは助かった。

＊道路は寸断され、建物は倒れ……

余震は続いていた。喫茶店の向こうの家の石塀が「ドーン」と崩れて、そのがれきが玄関のなかにまで入っていた。揺れが始まってから約三十分。「静かになったかな」と思って、家に帰ろうとしたが、道路は寸断され、倒れた建物で道路は塞がれ、車は一向に進まない。

「喫茶店から家まで、いつもなら十分ほどで行くんですけど、約一時間かかりました」

ますみさんは自宅に戻った。山沿いの野上地区。約三十世帯の集落だが、ほとんどの家は被害なし。そのあと役場へ。

「うちのお父さんは町議会議員を務めていましたから、役場にいると思って……」

夫は役場にいた。ちょうど議会の委員会が終わったところだった。郡山出身のますみさんが大熊町に嫁いだのは昭和五十二年（一九七七）だった。

「お父さん、一緒に町内を見てこよう」

ますみさんの運転する車で二人は町の中心街に行った。「えっ！」。とんでもない騒ぎになっていた。自分たちの集落とは被害が全然ちがう。建物は壊れ、ひと目でわかる地割れ。人は右往左往。双葉病院近くにきたとき、異様な光景に出くわす。

福島第一原発の方向から逃げてくる作業員らしい制服を着た人たちがコンビニ（ファミリーマート）に次々と入っていく。急ぎ足だった。

「押しかけて行く感じ。皆、何か買うんだけども、まともにお金を払う人は少なかったね」

停電してレジが使えず、店員は自分の電卓でパチパチ計算していたが、間に合わない。それを尻目に商品を持ち去っていく。

「日本人は礼儀正しく、整然としていると世界が称賛したでしょ！　しかし、全部とは言わないまでも、それは絶対、ウソ。人間は浅ましいものですよ。真面目に払うのはバカバカしくなってくるんでしょうね、きっと」

＊「3・11」次の日は大学入試の日だった

――3・11の夜はどうしていましたか。

「次の日、次男の大学入試の日だったんで、よく眠れませんでした。お父さんは試験はないよ、と言いましたが、私は心配で東北大学のある仙台に行きました」

東北大学には電話を入れても通じない。携帯電話もダメ。仕方なく、十二日朝早く出発して仙台へ。しかし、浜通りは通れないから、中通りから入った。案の定、試験はなし。その日の夜、帰ってきてそのまま休んだ。

三月十四日。ますみさんは家族とともに三十キロ離れた田村市の総合体育館へ。飼っていた犬と猫も一緒に連れて行こうと思ったが、ダメだという。八時半に家を出て、九時すぎに体育館に着いた。

二千人くらいがひしめいていた。ほとんどが大熊町民だった。なかへ入ろうと思ったら、

「人がいっぱいだから、どこかへ行きなさい」って。同じ大熊町民なのに、「何で入れてくれないの？　どこへ行ったらいいの？」。

すったもんだの末、ますみさんはズタズタと入っていく。息子たちは車ですごすと言っていたが、友達から「きなさいよ」と言われて体育館のなかへ入る。

＊泣く子を「黙らせろ！」

体育館での避難生活にますみさんはいら立った。

「赤ちゃんが泣いたりすると、男の人が『うるせい、黙らせろ！』。また別の男の人が『どこかへ連れてていけ！』と怒鳴るんです」

ますみさんの言葉は熱を帯び、手振りが次第に大きくなる。お母さんは泣きながら、赤ちゃんをあやしている。しかし、子どもは苦しいから、ますます泣く。そのとき、年老いた女性がつぶやいた。

「戦争中とおんなじだ。防空壕で怒鳴る人がいたんだ」

私はますみさんから、この話を聞いていて、六十八年前の沖縄戦の光景が浮かんだ。私

は平成十六年（二〇〇四）一月から二年数カ月、沖縄にいたことがあった。各地を取材して回った。沖縄本島中部の、とある小さな村。赤ちゃんを殺さざるを得なかった苦しさを、ためらいながらも伝えようとする、ある母親の話。

――昭和二十年（一九四五）四月一日。沖縄の慶良間諸島の占領を終えた米軍は、その村に上陸を始めた。村人たちはガマと呼ばれる壕に避難した。恐怖に耐えながら、身を潜めた。

赤ちゃんの泣き声に、誰かが「黙らせろ！」と怒鳴る。泣きやまないと、米兵に見つかって殺されるから、赤ちゃんの口を塞ぐ。そのうち息が絶えた。この光景は、体育館で泣く赤ちゃんの光景と似てはいないだろうか。

＊寝たきりになった人、人……

ますみさんのいら立つ話は続く。

――突然の避難指示で何も持たずに逃げた人は多い。看護師は薬を持たずに避難した。体育館のなかは寒い。夜の八時ごろになると、ストーブの火は消える。

「寒いって、なかったね。底冷えのする寒さだった」

あまりの寒さに、あるおじさんは立ち上がった。その途端に「ドーン」と倒れて、まもなく死んだ。

「腎臓の悪い人も真っ黒い顔になって、寝たきりになった人を何人も見ました。病院へ連れて行けと言われても、医療機関として成り立っているところはありません。透析をやっている人は電気と水がないと死んでいきます」

家も仕事も失い、極限状況のなかで暮らす福島県民。浜通りの大熊町は会津若松市、富岡町はいわき市、浪江町は二本松市、楢葉町は会津美里町、広野町は田村郡小野町など県内に分散。親戚を頼って、県外に出た県民も多い。

原発事故から三年がたつ。しかし、家族はバラバラに分断され、いまだに生まれ育ったふるさとを追われ漂流を続けている。

再び、ますみさんの証言。

「私たちが一番、心配しているのは、放射能はもちろんのこと、それを口にできない辛さ。それに地域の人と人との絆が分断されたことです」

「放射能が怖い」という一言すら口にすることを許してくれないこの社会。極端な例では、原発によって夫婦関係が壊れてしまったこの信頼の絆。それをどう立て直していくか。

「それは自分で考え、流されずに行動していくこと。それが復興にもつながっていくのだと思う」

＊大災害は人間の本性をあぶり出す

――そのほか、避難生活で思ったことは？

「町議会議員や町長のだらしなさでしょうかね。何もできないのよ。おにぎりを運んだり、味噌汁をつくってくれたのは皆、住民ですよ。いざというとき、やはり強いのは住民です。町議会議員は酒ばかり飲んでいました」

大災害は人間の本性を図らずもあぶり出す。優しさも卑しさも露呈させる。戦時中も戦局が悪化し、危険を感じると、真っ先に逃げたのは住民を守る立場の軍人だった。官は国民を守らない――。それとよく似ている。

体育館には子どももたちもいた。あるとき、子どもたちからこんな言葉を聞いた。いままもますみさんの脳裏から離れないという。

「空から黒い雨が降ってくるよ」

驚いたますみさんは外に出て見たら、確かに黒い墨のようなみぞれだったという。この話は井伏鱒二の『黒い雨』を思い出させた。広島原爆――。一瞬の閃光に市街地は焼けくずれ、放射能の雨のなかを人々はさまよい歩く。そして〝黒い雨〟に打たれただけで、体がむしばまれていくさまを描いた井伏鱒二の視線は、原発事故で故郷を追われ、いつ帰れるかもしれない忍苦と不安を強いられている人々の姿を二重写しにしてはいまいか。

＊二世帯に一人は原発関連に勤務

福島県大熊町。かつては産業が乏しく、出稼ぎで暮らしを支えていた。しかし、昭和四十六年（一九七一）、営業運転を始めた福島第一原発は雇用と財政を潤し、町は発展。住民の二世帯に一人は原発関係に働く〝原発城下町〟だった。大熊町民の人口の一割、約一千百人は第一原発関係の人たちだった。

その原発が巨大地震と津波に呑まれ、制御不能になった原発はメルトダウンを起こし、放射能を撒き散らした。

逃げてきた作業員のなかには、ますみさんの塾の教え子も何人かいた。彼らにコンビニでばったり会った。

「どうしたの？　そんなに急いで」

作業員の一人が言った。

「先生、ここを逃げろ！　もう、配管はめちゃくちゃだ。全部、壊れているよ」

津波がくる前だった。ますみさんは語気を強めた。

「東電は電源喪失を地震ではなく津波といったでしょ。それはちがうと思う。だって、現場で働いていた作業員が言うんだもの。『津波がくる前に壊れていた』って。東電は隠しているのよ」

さらに言葉を継いだ。

「原発事故で問題なのは、誰が責任者なのか、その名前が出てこないことです」

日本社会は責任者が出ることを嫌う。資料を隠ぺいし、本当の責任者を明かさない。太平洋戦争でも、破局に至るとわかっていても、突き進んだ。その結果、三百万人を超す犠牲者を出した。約三十万人の避難という事態を招いた福島第一原発事故でも、誰も責任を取っていない。それを究明しない限り、また同じことが繰り返されるだろう。

＊父は広島にいた

ますみさんは体が弱かった。子どものときから皮膚がんや大腸がんを患っていた。足も悪かった。三十歳のとき、肺がんになって、いわき市の病院に入院した。医師からこう言われた。

「お父さんかお母さんが広島にいませんでしたか」

ますみさんはすぐに父親に電話した。父親は元教師だった。

「お父さん、昔、広島にいなかったですか」

父親は「何を聞くんだ、いきなり。いないにきまっているだろ！」とすごい剣幕で怒鳴る。

「なんで怒るのだろう。入院していて大変なのに。そのとき、私は疑ったんです」

平成二十四年（二〇一二）四月、父親は亡くなった。亡くなるちょっと前、ますみさんは「あした東京へ行くから、私が帰ってくるまで元気でいてね」と声をかけた。そのとき、父親は小さな声で「ますみ、ごめんな」。「なぜ、ごめんなの？」と聞くと、「私は広島にいたんだ。悪かったな」と言って、自分が広島で被爆したことを初めて明かしたのである。

それは外部被爆ではなく、原爆が落ちた二日後、遺体の片付けのために軍の命令で広島に入って被爆した、いわゆる「入市被爆」であった。父親がそれまで黙っていたのは、ますみさんの体が弱かったのは、自分が被爆したせいだと思っていたからかもしれない。

私は取材を終えて、仮設住宅の集会場をあとにした。ますみさんは駐車場まで送ってくれた。帰りがけに言った言葉。

「大熊町の自宅に帰りたいけど、帰るのは無理かも」

震災から三年――。朽ちゆく家。帰郷は見果てぬ夢か……。ますみさんの表情に悔しさがにじんでいた。冷たい風がピューピューと吹いていた。

第二章

3・10東京大空襲から3・11東日本大震災へ

I　東京の空は真っ赤だった

＊「押せ押せできた」戦後六十七年

東日本大震災に遭遇し、自然の脅威に無力感を抱いた作家は少なくないだろう。そのなかの一人、古井由吉さんは自宅で激しく揺れた「3・11」のときのことをこう表現している。

「空襲も地震も、特定の一点が狙われるわけではなく、あまねく襲われる。逃れようのない恐怖という点では同じだった」（『蜩の声』講談社）

古井さんは東京生まれで敗戦を経験している。そのとき、八歳。疎開先の岐阜では空襲も体験した。防空壕のなかの異様な静寂。激しい爆音に交じる犬の遠吠え。男たちの叫び……。幼少時の聴覚を通して刷り込まれた記憶を重ねながら、長い文章を綴《つづ》っている。

「視覚は距離を置いて対象を把握できるが、耳から入った記憶はより直接的で浸透力も強い。生きていくために普段は想起しないようにしているけれど、記憶の底には残っている。われわれは決して安泰な世界に住んでいるわけではない」（同）

さらに続ける。

「安泰が続くとみんなが同じ現実を共有していると思い込んで意思疎通も短い言葉ですま

せてしまう」（同）

言葉の衰退は、圧倒的な力に襲われることもなく「押せ押せできた」戦後六十七年の安泰な歴史と無関係ではないと、古井さんは見る。

＊東京の空は真っ赤だった

私は3・10東京大空襲と、3・11東日本大震災の両方を体験した人を求めて、被災地・東北地方を回った。なかなか該当者が見つからない。しかし、失敗に終わった原爆開発について取材しているときに、偶然、その人に会った。福島県石川町に住む三森たか子さんだ。平成二十四年（二〇一二）十一月二十四日。

彼女はすでに第一章で述べたように、地元の中学校教師（理科と社会科）を退職後、町立歴史民俗資料館に勤務。第二次大戦中、国産原子爆弾用ウラン鉱石が石川町にあったことから陸軍が原爆開発計画を実施したが、失敗。

私が幻に終わった日本の原爆開発について話を伺っていたところ、三森さんは突然、こう言い出された。

「実は私、三月十日の東京大空襲で焼け出され、その三日後の三月十三日、東京・深川から父の実家の石川町へ父と母と私の三人でやってきましたのよ」

三森さんは当時、二十二歳。旧深川区立明川高等小学校に勤務していたが、焼け出されて石川町の宮本小学校に転勤。住まいは、支那事変で夫を亡くされた未亡人の家で、電気のない生活だった。

話は幻の国産原爆開発から東京大空襲へ。ビュンビュン、シュルシュル。戸外一面、火の粉の雨。這うようにして息を呑む。

「まわりは強制疎開で家は壊され、明治国民学校だけがポツンと残っていました。そこが避難所になっていたけど、私たち親子三人は清澄庭園に逃げて助かりました」

強制疎開とは空襲による火災の被害を少なくするため、建造物などを強制的に壊し、他の安全な地域へ移動させること。清澄町一丁目に住んでいた三森さんは待避所の清澄庭園に逃げて、かろうじて一命を取りとめたのである。

「夜が明けたら、焼けただれた人がゾロゾロ歩いていました。清澄庭園近くを通ったら仏像が飛んできました。しかし、よく見ると仏像ではなく、人間の死体でした。お墓も燃えていて、黒焦げの人が大勢いました」

清澄庭園を一歩出た。石塀の陰には逃げ場を失った人々が折り重なって悲惨な最期を遂げていた。初めて見る焼死体。燃えてしまって、わが家はない。一面、焼け野原だった。

＊二時間半で十万人が死んだ

アジア太平洋戦争の末期、日本の諸都市はＢ29の猛爆撃にさらされたが、とりわけ深刻な人命の犠牲を出したのが、東京だった。（以下、東京空襲を記録する会編『東京大空襲・戦災誌』第一巻を参考にする）

――一九四五年三月十日零時八分。米軍三百二十五機のＢ29は北北西の強風をついて、深川地区に侵入。木場二丁目に焼夷弾を投下し、最初の火災が発生した。風速十二・七メートル、瞬間最大風速二十五・七メートル（中央気象台調べ）にあおられ、さらにＢ29の波状攻撃によって深川全域は火炎に覆われた。

深川地区は一夜にして見渡す限りの焼け野原となった。その夜の深川地区の被害は死者三万人、負傷者一万七千人、罹災者十四万八千八百人。ついで二分後の零時十分。火災は隣接した城東区にも発生。さらに焼夷弾の豪雨は本所区を南北に縦断。江東ゼロメートル地帯を包囲した。浅草区や日本橋区にも広がり、わずか半時間たらずのうちに下町全域は火の海となった。

東京の下町は山の手と比べ、土地が低く、川が多い。隅田川、荒川放水路、江戸川から東京湾に流れ込む埋立地にマッチ箱のような人家が密集し、Ｂ29はそこを狙ったのである。Ｂ29は、この町の周囲を巨大な火の壁で包囲しておいて、その後しらみつぶしに人家の密集地区に向けて、ナパーム性のM69油脂焼夷弾のほか、エレクトロン、黄燐などの各種焼夷弾約三十三万発（一六六五トン）を投下した。

炎は一瞬のうちに激流のように流れた。業火は不気味な轟《とどろ》きをあげて、川を渡り、町を走り、人々をなめた。水面から首だけ出していた人は一瞬に髪を焼かれて死んだ。一酸化炭素中毒で死んだ人も数多くいた。凍死、溺死もあった。

B29の爆撃は十日午前二時三十七分の空襲警報解除の前に終了したが、燃えさかった猛火は容易に消えることはなかった。十日の明け方までえんえんと燃え続けた（これについては後述するように、約三十時間、燃え続けた説も）。

被害は東京の下町地域に集中し、本所区（現在の墨田区）、深川区、城東区（以上江東区）、浅草区（台東区）の四区はほとんど全滅。約二時間半の爆撃で十万人が死んだのである。

なぜ、これほどの犠牲者が出たのか。要因の一つは昭和十八年（一九四三）に改正され、法八条ノ三条項に違反すると罰則が科せられた「防空法」にあった。空爆が起きたとき、隣近所の住民同士がグループで消火に当たることを法律で義務づけ、現場から避難することを禁じていたからである。

空襲で火災が広がっても逃げることは許されず、一丸となって消火に当たらなければならなかった。それもバケツで水をかけたり、水で濡らした〝火たたき〟で叩いたり。焼夷弾が落ちた瞬間にすぐに避難していれば、こんなに多くの犠牲者は出なかったはずだ。

＊震災と東京大空襲の情景は同じ

二〇一一年三月十一日夜、私は東日本大震災の惨状をテレビで見た。津波で町が全部、さらわれていくエネルギーを目の当たりにして、私は言葉を失った。そのとき、瞬間的に思い出したのは、写真で見た3・10東京大空襲の焼け野原の情景だった。倒れた電柱。崩壊したビルの残骸。荒涼たる虚しい風景……。

もちろん、東京大空襲の場合、焼け野原といっても、東北の津波の跡のような状態ではなく、東京中ががれきの山だった。しかも、東京に残っていたのは女性と高齢者と子どもたちばかりで、がれきの山を片付ける人がいなかった。

3・11直後、テレビをつけたら、そこに一人の男が叫んでいる映像が映し出されていた。その男は石巻市在住だったと思う。

「俺は東京大空襲に遭い、そしてまた今回の震災だよ」――。

私は、その声の主を求めて石巻市を訪ねた。大震災から四カ月半がすぎた二〇一一年八月半ばだった。まず市役所へ行って該当者を尋ねたが、知らないという。仮設住宅も何件か当たってみたが、わからないという。途方に暮れているところへ、埼玉県新座市に住んでいる友人の川柳作家・千葉朱浪さんから携帯が鳴った。千葉さんは現在、各地で川柳教室「創琳」を主宰している。

「東京空襲を体験した人が宮城県の登米市にいますよ」

窮すれば通ず。救いの神は意外なところにいた。その方は千葉さんの川柳教室の生徒の一人だった。名前を高橋とし子さんという。大正十五年二月生まれの八十六歳。私は、さっそく登米市へ飛んだ。

――いまから六十七年前、東京が空襲されたとき、どこに住んでおられましたか。

「結婚して千葉県の習志野市にいました。主人は習志野連隊にいました。習志野にも焼夷弾がパラパラ、落ちてきました。怖くて、いまだに忘れられません」

高橋さんは習志野市から三月十日の東京大空襲の様子を見ていた。

「東京の空は真っ赤に燃えていました」

夜空に探照灯が交錯し、敵機が落ちたと思って、歓声が上がった。しかし、落ちたのは友軍機とわかった。その後、東京・下町の焼け野原を歩いた。そのとき、いまも目に焼きついて離れないのが、葛飾橋を渡ったときのこと。あたりは焼け出された人の死体の山だった。

空襲が激しくなると、残された妻や子どもたちは地方に疎開した。高橋さんも昭和二十年七月、習志野市から登米市へ疎開した。そのとき、上野駅で目にした情景だ。

「浮浪者がたくさんいて、みな、寝転んでいました。食べるものも、住むところもない子どもたちが大勢いて、本当にかわいそうでした。戦災孤児もいました」

上野駅から見た町は一面、焼け野原。はるか彼方に日劇がポツンと建っているだけだった。

「いまも目に浮かびますけども、焼けた東京の町は悲惨でした。狂気の沙汰でした」

東京の町は焼き尽くされて一望千里。あるのはがれきの山だけ。

――生活はどうでしたか。

「皆、飢えていました。そのなかで、肩を寄せ合って生きてきました。未来に希望をもって生きてきました」

――終戦後は？

「戦争が終わって、主人は登米市の実家に帰ってきました。しかし、仕事はありません。ある日、岐阜の友達から『瀬戸物屋をやってみないか』と言われて、瀬戸物屋を始めました。モノが不足していた時代でしたから、これがうまくいって、工場も建てました。縫製もやり、町会議員もやりました」

――今回の震災の被害は？

「おかげで、うちは何もありませんけども、被災者は大変です。宮城県の人たちは避難のために山形へ行ったり、東京へ行ったり……。戦争中、私たちが疎開したときと同じように苦労が多いと思います。地震も戦争もあってはなりません。とくに戦争は人間が起こすことだもの。一番いけません」

＊川柳に時代を詠む

二〇一二年の春、高橋とし子さんはこれまで詠んできた川柳を一冊の本にまとめて出版した（時事川柳創琳『あゆみ春』講評・千葉朱浪氏）。そのなかから三首を紹介する。

「寅年に千人針が浮上す」

〈戦争中は出陣する人に「千人針」が贈られた。千人の女性が一針ずつ縫って結び目を作った布を身につければ弾よけになる、とされていた。しかし、寅年の女性は年齢の数だけ縫うことができた。寅年の二〇一〇年は不況で荒廃した戦時中に似ており、千人針が流行《はや》るかもしれない〉

「鳩ポッポ歌の文句に遠すぎる」

〈「鳩ポッポ豆が欲しいかそらやるぞ」ではなく、言行不一致は連日、宇宙人ともくされた得体の知れぬ御仁である〉

「沖縄の縄も取替え頃になり」

〈長い日米同盟の中で普天間基地の移転を二〇一〇年五月末までと鳩山由紀夫総理（当時）が言明。発言内容も大ブレで総理の支持率が急落。縄よりも総理を変える方が、より簡単かもしれない〉

高橋さんはいまも国会中継を欠かさず見ているという。東北の一地方から政治や経済、時事ネタを通して、皮肉や自嘲、憂いを込めながら川柳をつくっている。庶民の詠み手には、さぞや、総理といえども頭が上がらないにちがいない。

＊軍需の生産拠点・川崎も狙われた

石巻市の、とある仮設住宅の集会場。二〇一二年四月十一日――。少し開いた窓から歌が流れていた。こぶしの効いたその歌は、静かな佇《たたず》まいと妙に調和して、宵を盛り上げていた。

♪あなた変わりはないですか／日ごと寒さがつのります／着てはもらえぬセーターを／寒さこらえて編んでます……

（ＪＡＳＲＡＣ　出１４０５６７３-４０１）


都はるみのヒット曲『北の宿から』である。音のする窓のほうを見ていた私は、もう躊《とま》躇《ど》いはなかった。まっすぐ、その部屋に入った。六、七人のおばさんたちがカラオケで歌っていた。私は名刺を出して、訪ねた〝理由〟を話した。誰かがボリュームを下げてくれた。

「その人なら、いますよ」

その人の名は小山ヤスノさん（八九）といった。

「恥ずかしいので、その話は勘弁してください」

――どうして話せないのですか。

「遠い昔の話なので、ダメ。恥ずかしいから」

しばらく沈黙が続いた。被災者に話を聞くためにきたのに、この沈黙はなんなのだろう。私は考え込んでしまった。遠い過去の戦争のことを話して、いったい何になるのだろう、と小山さんは考えたのかもしれない。それとも、他に理由があるのだろうか。

語られずに、隠されていった声がある。それは何か。罪もない多くの友人・知人を空襲で亡くした人のことを思ってなのか。さらに沈黙は続いた。これが声なき声というものなのだろうか。

そういえば、私は東北の被災地を歩いていて、しばしば被災の状況に話が及んだとき、沈黙する人たちに出会った。宮城県名取市の閖上《ゆりあげ》地区で。岩手県釜石市の仮設住宅で。福島県南相馬市小高区で。それはいまだに家族が見つからず、いまも黙々と捜し続けている人々の無言の声かもしれない。

これからどう生きていけばよいのか。途方に暮れている人々の声であるかもしれない。私は、それらの声なき声を求めて東北地方を取材して回った。そこで見えてきたのが、まずは人間の復興ではないのか、と。そんなことを考えていたら、突然、彼女はそれまで閉ざしていた重い口を開いた。低い声だったが、はっきりと聞き取れた。

東京の隣接都市、川崎市には多くの軍需工場があった。福島県立白河高等女学校から四年生百余人が川崎市の東芝小向工場に昭和十九年(一九四四)十月から学徒動員できていた、そのときの引率者だった教諭・大中一郎氏(当時三十八歳)の証言。

「照明弾が落ちてきて、真昼のように明るくなり、生徒の手を引いて堀に伏した。助けてといって飛び込んでくる人もいた。生徒たちのいる防空壕には行けない。続いて落下する焼夷弾であたりは燃えている。……(中略)一夜が過ぎてみると、焼け野原となっている。

燃え続けている倉庫のわきに池があっても、いっさいかまわず燃えるままである。働くべき工場は燃えた。寝起きした寮も焼失した。道端には焼け死んだ人がころがっている。全員無事で一人の死者もなかったことだけが何よりの幸せだった」（『川崎空襲・戦災の記録』川崎市）

戦争末期、三十四万人いたといわれる学徒動員・女子挺身隊のうち、約一万一千人が犠牲になった。幸い、白河高女の生徒は全員助かったのである。

＊女子挺身隊員として

さて、小山ヤスノさんへのインタビュー。

――終戦時、何歳でしたか。

「私は大正十三年十二月三十日生まれだから、二十二歳でした」

――女子挺身隊員としてどこの会社へ入られたのですか。

「昭和十九年四月、夜行列車に乗って川崎の通信機を扱う会社に入りました。女子挺身隊です。〝お国のために〟と言われて……」

その会社はいまも通信機器を製造しているという。

「仕事の内容は通信機のハンダ付けからペンキ塗りなどでした。寮には十数人いました。

仕事は朝八時から。夜十時まで残業をやると、雑炊が出ました」

女子挺身隊の制度は戦争末期、前線に駆り出された男たちの補充労働として考え出されたもの。年齢は十四歳から四十歳まで。対象は「未婚」で「在学していない」「軍需工場などへ働きに行っていない」女性たちという（いのうえせつこ『女子挺身隊の記録』新評論）。東北の寒村からも、こうして多くの女子挺身隊員が軍需工場で働いていたのである。

――辛かったことは？

「そりゃ、四月十五日の空襲ですよ。爆撃で工場はやられ、女子挺身隊も何人か死にました」

この日、四月十五日夜。狙われたのは川崎市川崎区の大半と、小山さんが勤めていた通信機製造会社のある幸区の南部地域だ。大型の七十ポンド焼夷弾M47を八千九百二十五発、短時間に投下し、川崎市は一夜にして壊滅したのである。小山さんは語っている。

「焼夷弾が落ちてくるので、防空壕のなかに逃げました。一夜明けると、焼け野原になっていました。道端には焼け死んだ人々が転がっていました」

川崎市幸区は軍需産業の生産拠点。東京芝浦電気、明治製菓、池貝鉄工、大同製鋼、古河鋳造など数多くの軍需工場があったが、その多くは全焼した。死亡した女子挺身隊員も少なくなかった。川崎市に隣接する東京地区にも同時に百二十機のB29が焼夷弾七百六十トンを投下した。

＊大川小学校児童六十八人が死亡

――ところで、津波はどこで遭われたのですか。

「わが家は大川小学校の向かい側で、家は流されました」

石巻市立大川小学校といえば、全校児童百八人中、七十人が死亡し、四人が行方不明。教育現場を襲った災害としては歴史に深く刻みこまれることになった学校である。

私は震災後、一年が経過してから大川小学校がある石巻市釜谷地区と、その周辺を中心に取材して回った。つぶれた家屋や車が散乱していた地震時と比べると、がれきは取り除かれていた。

しかし、家屋や漁業施設が寄り添うように立ち並んでいた町も、人気のない砂漠のような姿をさらけ出していた。子どもたちの歓声も消え、無機質な静けさに包まれていた。小山さんの家も流され、更地になっていた。

――どうして助かったのですか。

「水は近くまできていて、夢中だった。いまだったら、登れませんけど、おじいちゃん、おばあちゃんと山へ登って助かったのよ。犬を飼っていて、その犬が山の頂上まで連れて行ってくれました。犬に感謝しています」

一夜が明けた石巻の町は空襲で焼けた川崎の情景と重なったのだろうか。いまも、思い出すと、ゾッとするという。

＊「不敗神話」の大本営発表

一夜にして十万人も死んだというのに、三月十日正午のラジオを通じての大本営発表は次の通り。

「都内各所に火災を生じたるも、宮内省主馬寮は二時三十五分、其の他は八時頃迄に鎮火せり」

主馬寮とは天皇の乗る馬の馬小屋のこと。その馬小屋はどこよりも早く消火させたが、十万人の死者たちは「其の他」で葬り去られたのだろう。つまり、大本営の考え方は、人間よりも天皇の馬小屋のほうが大切だったのだ。

山形県出身の作家・井上ひさしは司馬遼太郎との対談で、当時の軍上層部は戦場へ送り出す同胞を「馬以下の犬程度にしか考えていなかった」（『国家・宗教・日本人』講談社文庫）と語っている。

大本営は十万人が焼死したということを一切報道せず、ひたすら隠ぺいした。なぜなのか。大本営発表を少しでも批判すれば、「不敬罪」などで投獄されたからである。つまり、言論の暴力によって、国民を脅していたのだ。

大本営発表は「損害は過小、撃墜は過大」という「不敗神話」の思想である。この思想は現代にも温存されているといってよいだろう。想像を絶する放射線被曝《ひばく》にさらされ、「絶対安全神話」が崩壊した福島第一原発事故を見れば、明らかであろう。

また事故が起こると、「想定外」という用語を持ち出し、それを免罪符のように振りかざすのが日本の官僚や企業、政治家たちの思考の枠組み（パラダイム）である。

＊三十時間、燃え続けた

「八時頃迄に鎮火」という表現も詐欺的。「鎮火」という文字は単に「火勢がしずまる」ことではなく、「火事が消えてしずまること」（『広辞苑』）。三十歳のとき、3・10東京大空襲を経験している評論家の故・松浦総三氏（「東京空襲を記録する会」事務局長）はこう書いている。

この原稿は私が「宇都宮市戦災を調査する会」の事務局長として『宇都宮空襲・戦災誌』を編纂《へんさん》した際、「宇都宮空襲史論」の原稿をお願いしたときのものである。少し長いが、引用する。

「三月十日の東京空襲の場合、消防車は皇居周辺へ全部集まってしまったために、日本橋のビルディングは、延焼につぐ延焼で、三月十日の夕方に隣のビルディングから、火が移って一夜燃えつづけて、『鎮火』したのは十一日の『未明』であった。三月十日の東京空襲は、空襲が開始され火災がおこったのが十日午前零時八分で、空襲が終わったのが二時四十五分ごろであった。

だから、その日本橋のビルは、空襲が終了してから、約十八時間後に隣のビルから火が移り、十一日の朝まで燃えつづけた。だから、三月十日の東京空襲は、正確にいうと三十時間ぐらい燃えつづけ、燃えるものがなくなって消えたわけである」

六十七年前、米空軍Ｂ29による東京爆撃は百回以上。そのうち、東京を壊滅させたのは五回の夜間焼夷弾攻撃。焼失率八〇％。作戦を指揮したのはカーチス・ルメイ総司令官。彼はその後、名古屋、大阪などの空襲、広島、長崎の原爆投下にも関与した。

一回目の大空襲は三月十日の海抜ゼロメートルの江東スラム地帯などへの下町爆撃。死者十万人以上。第二回は四月十三日の赤羽造兵廠や滝野川、明治神宮など山の手地帯への空襲。３・10空襲よりも投下した焼夷弾は二〇％も多かったのに、死者二千五百人。三月十日のそれの十五分の一にすぎない。これはいかなる理由によるものか。

米国戦略爆撃調査団報告は、三月十日は烈風が吹き掘割や川に遮られたが、四月十三日の空襲は風があまりなく、家も江東地域ほど密集していなかった、と分析している。しかし、理由はほかにもあるという。

「多くの都民は三月十日の惨状を知っていた。だから、政府や軍の言うことを信用せず、空襲警報が鳴ると、消火をあきらめて逃げてしまったのである」（東京空襲を記録する会編『東京大空襲の記録』三省堂）

第三回、四回は東京南西部の目黒、品川、大井、荏原などがやられた。五回目は五月二十五日の皇居周辺の爆撃だった。明治宮殿が焼失し、米記者は「東京にはもはや高地なし」と言った。このように東京は言語に絶する被害を出したのである。

六十六年後の3・11東日本大震災では死者一万五千八百八十六人、行方不明者二千六百二十人（二〇一四年五月九日現在、警察庁調べ）。庶民は、こんなに大きな被害に遭って苦しんでいるのに、ゼネコンなどの建設業者は「震災景気」でホクホクらしい。この震災は、ただでさえ貧富の差が激しいのに、さらにその差を拡大再生産するだろう。

東京大空襲のときもそうだったが、老人や女性、子ども、障害者など弱い立場の人に被害がシワ寄せされる。現に東日本大震災の死者のうち、六十歳以上が一万二千六人で、約六割を占めているという。

＊弱者置き去りの軍事優先

弱者置き去りの軍事優先政策は、戦後から今日まで継続されている。その端的な例が、東京を無差別爆撃したときの総司令官だったカーチス・ルメイ将軍へ一九六四年十二月、与えられた勲一等旭日大綬章だろう。綬章理由は「航空自衛隊の育成に貢献した」とあった。庶民は不満と怒りで爆発寸前にある。いま、政治家の間で火事場泥棒的に憲法改正や国防軍創設、集団的自衛権の行使容認などの声がチラホラと聞かれる。

自衛隊の活動は「後方地域支援」に限るとされている。この制約を取り払い、自衛隊が海外で米軍と共同で武力行使できるようにしたいのが、集団的自衛権行使容認論の狙い。この右傾化の動きが現代政治の構図ではないだろうか。

戦時中の東京は、銃後と呼ばれる「後方」だった。

II　戦災孤児と震災孤児

＊学童疎開から戻ったら一面焼け野原

元放送作家でタレントの永六輔氏は「話の特集　無名人語録」（『週刊金曜日』二〇一二年四月十三日号）でこう書いている。

「黒柳徹子サンが、戦争中学童疎開で東北を転々としたっていう話をしていたけど、東京の子どもは東北に疎開してたんだよな。その東北から、子ども達が卒業式のために東京に戻ったのが三月十日。つまり、東京大空襲の日。情報がナーンにも伝わっていないんだよね。東電と同じだよ」

永さんが言われるように、東京下町の国民学校の多くは東北に疎開していた。永さんの通っていた浅草の新堀国民学校の集団疎開先は宮城県の白石町（現白石市）の白石温泉だった。

しかし、卒業式は故郷の母校で行うことになっていた。永さんの上級生は東京に帰ったのだが、帰ったその日、三月十日は空襲の最中だった。つまり、Ｂ29が待ち構えている東京に帰ってきたようなものである。

＊3・10東京大空襲で戦災孤児に

アメリカ軍の夜間無差別攻撃を受け、約三百五十万人が家を焼かれ、その被害総額は広島の十倍もあった東京大空襲。その空襲で両親を亡くし、戦争孤児になった金田茉莉《まり》さんも昭和二十年（一九四五）三月十日朝、集団学童疎開先の宮城県鎌崎温泉から東京へ戻ったら、生まれ故郷の浅草は一面、焼け野原だった。自宅は跡形もなかった。通りや公園には黒焦げの死体がいくつも転がっていた。

彼女は当時、国民学校（現小学校）三年の九歳だった。母が東京も空襲で激しくなってきたから、六年生と一緒に帰してもらうよう頼んだ。許可が出て、ただ一人、金田さんは六年生に混じって東京に帰してもらったのである。

私は金田さんにインタビューするため、埼玉県蕨市の自宅を訪ねた。二〇一二年四月十三日午後一時。約束通り、待っていた。金田さんは「戦争孤児の会」世話人代表。

——東京へ戻るときはどんな思いでしたか。

「夜行列車に乗っていた間、東京下町が空爆を受け、焼き尽くされたことを知りました。上野に着いたら、見渡す限り、焼け野原。津波に呑まれた東北の被災地と同じです。帰る家も学校も、昨日まで元気だった人もいません。今回の震災で海に向かって、〝お母さん！〟

と叫んでいる子どもの姿がテレビに映し出されていましたけれども、自分の姿と重なって、もう見られなくて（涙声）……」

〈人家の密集した東京下町一帯をまずドーナツ状に焼夷弾を落とし、そして火の壁の塀をめぐらせ逃げ道を遮断、その中へ三十六万発（二〇〇〇トン）の焼夷弾を逃げまどう人々の上へ降り注ぎ、市民の皆殺しを計った大虐殺でした〉（金田茉莉『東京大空襲と戦争孤児』影書房）。死者は十万人を超え、被災者は百万人にものぼった。

——戦争ほど悲惨で残酷なものはありませんね。三月十日の朝、東京を目撃した印象を教えてください。

「黒焦げの死体がいたるところに転がっていました。人々の目は真っ赤。髪は焼きちぢれ、顔や手足は火傷《やけど》で皮膚がぺろりとむけ、ゾロゾロと地獄の行列のように歩いている姿はこの世の人とは思えませんでした。そんな姿を思い出すたびに私の身体は震えだします。そして私は二度と母・姉・妹と会うことはありませんでした（父は三歳の時、脳溢血で急死）」

大空襲から四カ月後、母と姉は隅田川から遺体で引き揚げられたが、妹は現在も行方不明だという。金田さんは戦争孤児になる。元気だった親兄弟が一瞬のうちに殺され、家も財産もなくなる。そればかりでなく、故郷も失い、生きていく上で最も大切なものを根こそぎ奪われる。その戦争孤児は先の大戦で十二万三千人に上り、十歳前後の浮浪児が巷にあふれていたという。金田さんは話し続ける。

「親や姉妹を亡くすことはすごく辛いことです。今回の東日本大震災でも多くの〝震災孤児〟が生まれたと聞いていますが、これからが心配です」

＊震災孤児は宮城・岩手・福島三県で二百四十人

東日本大震災。両親が死亡もしくは行方不明となった「震災孤児」の数は、厚生労働省のまとめによると、宮城・岩手・福島三県で阪神・淡路大震災の六十八人を上回る二百四十人に上る。約千五百人が父または母を亡くした。学費の援助が必要になった子も七万人近くいるという。

しかし、祖父母ら親族らが県外に連れ出して保護している場合もあるため、実態把握は困難を極め、さらに増える可能性もあるという。

――震災孤児に対して、どう思われますか。

「私自身、戦争孤児として心に深い傷を負いながら、親戚をたらい回しにされ、差別、偏見、生活苦のなかで悲惨な人生を送ってきました。私は一年の間に親戚の家を四回、転々としました。中野区の西新井から奈良県や兵庫県の姫路へと。姫路の家には七人の子どもたちがいて、私が一人増えたために、夫婦喧嘩が絶えませんでした。親と一緒に死んでくれれば良かったのに、と暴言を吐かれたこともありました。また十八歳のとき、高校卒業後、無一文のまま姫路から上京してきましたが、親なし、家なしでことごとく就職先を断られました。一番、困ったことは学校に行けなかったことです」

――親戚でも赤の他人扱いなのですか。

「自分の子どもにはりんごなどを与えたりするのに、私には一切、与えなかったりしました。目の前で見せびらかして食べさせている、そういう差別がものすごく心に響くのです。今回の津波で両親や兄弟を亡くした震災孤児も、私たちと同じ扱いを受けないよう願っています」

東北の被災地では、一昨年(二〇一二年)一年間で不登校や非行が増えはじめたという報告があった。親が行方不明のままで、心の整理がつかない。夫を亡くして泣き暮らす母を気遣い、自分の悲しみはしまい込む、こんな子も何年かたつと症状もでてくるという。

話を変えて、私は別の角度から質問した。

――第二次大戦後、戦争で両親を亡くした「戦災孤児」が大きな社会問題になりましたが……。

「いや、いまだに問題は解決していません。同じ戦争で殺されながら、空襲死者は戦没者でないとして補償はありません。軍人・軍属の戦没者と民間人の戦災死没者を区別して、空襲による死者が九人いても一切、補償がなく、救済措置もないのです」

金田さんをはじめ東京大空襲による被害者や遺族ら計百十二人（うち戦災孤児は五十人）は旧軍人・軍属や原爆被害者らには手厚い援護・補償があるのに、空襲の被害者に何の補償もないのは不平等だと主張。救済のための法律をつくらなかったとして、二〇〇七年三月九日、国を相手に東京地裁に提訴した。

一審の東京地裁は二〇〇九年一月十四日、請求を棄却する一方で「国会が立法を通じて解決すべき問題」とした。二審の東京高裁は二〇一二年四月二十五日、一審判決を支持。軍人・軍属との補償の差は「合理的理由がある」と繰り返して、原告側敗訴の判断を下した。原告側は、これを不服として二〇一二年五月七日、最高裁に上告した。上告したのは七十九人。控訴時の原告は百十三人だったが、高齢化や訴訟費用の負担等を理由に減少した。しかし、最高裁第一小法廷（横田尤孝《ともゆき》裁判長）も全面敗訴とした二審判決を支持し、二〇一三年五月八日付の決定で、原告側の上告を退けた。裁判官五人全員一致の意見だった。

そもそも、人権と人道の上からイギリスでもフランスでも、敗戦国のドイツやイタリアでも民間の被害者を補償している。日本の空襲被害者だけがなぜ、放置されなければならないのか。金田さんは怒りを込めて言う。

「戦争によって突然、奪われた悲しみ、苦しみは空襲・戦災遺族も戦死者の遺族も同じなのに、どうして差別されるのかわかりません。親類宅をたらい回しにされ、暴言も吐かれました。そんな孤児時代を思い出すと、いまも辛い。でも、声をあげ続けなければ、誰が子どもたちに戦争の酷《むご》さを伝えていけますか」

＊なぜ、軍人だけが補償されるのか

元軍人は国の補助を受け、毎年、盛大に慰霊祭を行っている。しかし、東京大空襲死者は追悼されず、闇から闇へ葬られている。この現実を次代の子どもたちに知ってほしい。平和への思いを子どもたちに引き継いでほしい、と金田さんは願う。

戦後、日本軍は解体された。しかし、元軍人の特権意識は変わらない。戦前、戦中の体質はそのまま変わることなく脈々と受け継がれている。祖父や曽祖父が元軍人であったが故に、戦争を知らない世代まで支給される「三等親親族への弔慰金」は、その顕著な例だろう。

戦後五十年がすぎたころ、金田さんへ一本の電話がかかってきた。谷村公司さんからだった。彼は小学一年のとき、両親と兄たち四人計六人を空襲で失った戦災孤児。小学校へも通わせてもらえなかったという。

「どうして軍人だけが補償されるのかよー。僕の家族は一挙に六人も戦争で焼き殺されたんだよ！　軍人は中国で罪のない人を大勢殺してきたじゃないか。軍人のために民間人が殺されたんだ。その責任をとってもらいたいよー。それが、どうして軍人だけが補償されて、民間人にはないのかよー。ひどい差別じゃないか！」（前掲書『東京大空襲と戦争孤児』）

谷村さんだけでなく、小学・中学校と義務教育さえ受けられなかった多くの戦災孤児たち。戦争ですべてを失った当時、わが子に食べさせるだけで精一杯。孤児は邪魔者扱いされたり、利用されたりして、生と死のはざまのなかを生きてきた。

＊映画『エクレール・お菓子放浪記』

作家の西村滋氏。彼は3・10東京大空襲で九死に一生を得た。幼くして死に別れた父と母との思い出や、被災した宮城県を舞台にした映画『エクレール・お菓子放浪記』の原作者である。

病気で両親を失った同じ孤児として、彼は「戦争孤児」に寄り添いながら作品を書き続けてきた。彼は語る。

「戦争は平和を愛する人たち、家族を愛する人たちにお構いなしです。そこには人間の心がない。震災も同じで、自然を愛し草木を愛し山を愛する、そういう人がいっぱいいるのに、お構いなしにやってきて破壊する。ですから戦争にも自然災害にも心がないんです」（『致

知』二〇一一年九月号）

それならば、せめて人間の心を守っていこう、助け合っていこう――これが西村氏の震災孤児に対するメッセージだ。さらにこう語る。

「頑張れなんて言いません。泣いてもいい、泣くのもエネルギーなのです。ただ、泣いている最中でも、いま国や大人たちが自分たちに何をしてくれて、何をしてくれなかったかをよく見ておきなさい」

つまり、本物と偽物との見分けがつく目を持った人間になれ、と。

＊曖昧な国家の戦災処理責任

国家が引き起こした戦争でありながら、旧軍人には戦災死者と公的に認知しているのに、なぜ空襲死者は認知されないのか。母を含め四人の家族を東京大空襲で亡くした斎藤亘弘《のぶひろ》氏はこう書いている。

「国家の戦災処理責任を曖昧《あいまい》にし、その戦争責任を糊塗《こと》する機能を担う危険性を伴っています。……（中略）また、これは、戦災死の史的証拠を改ざん、隠ぺい、抹殺する機能をも果たし、死者の霊を冒瀆《ぼうとく》することにもなってしまいます。それは、また、国際法上許されない、非戦闘員の人的資源を抹殺する明瞭な意志をもって遂行された空襲という大虐殺を、国家として黙認・荷担し、自国の戦争責任を不問に付す無責任行為にもつながり、その意味で、遺族・罹災者にとっては、道義的にけっして容認できない許すべからざる行為といえるのです」（『歴史評論』二〇〇一年八月号）

軍は「国民の生命と財産を護るため、自衛のための戦争だった」という。しかし、軍は、東京が世界最大の空襲の惨禍を浴びているにもかかわらず、情報をひた隠しにしたため、その後も東京をはじめ全国都市への空爆、六月の沖縄戦、八月の広島・長崎の原爆投下へと続き、死者が拡大した。

その上、戦争に反対すれば、投獄、拷問にかけられ、空襲の惨状を語るだけで特高警察に逮捕。こうして国民は軍の横暴にさらされてきたのである。

＊東京初空襲

私は3・10東京大空襲と、3・11東日本大震災の両方を体験した人に会うために福島県南相馬市を訪れた。二〇一二年十一月二十五日。訪れた先の、その人の名前は鈴木丑太郎さん（八五）といった。終戦時、十八歳。彼は「日記」をめくりながら、当時を振り返った。

昭和十八年四月十八日の「日記」にこう書いてあった。

「起床五時三十分。今日は忘れもせず四月十八日、わが国初の空襲のあった日である。当会社、空襲を受けて一箇年を過ぎた今日は、その記念日にて殉死された人々の慰霊祭があった」

「忘れもせず四月十八日」というのは東京が初空襲された昭和十七年（一九四二）四月十八日のこと。日本本土東方千三百十七キロの海上にある空母ホーネットから飛び立ったB25中型爆撃機十六機による空襲だった。これは隊長の名をとって「ドゥリットル空襲」と呼ばれた。開戦から四カ月目の空襲で日本軍は手も足も出なかった。

鈴木さんは昭和十七年三月三十日、福島県飯舘村から学徒動員で東京へ出て、軍需工場で働いていた。3・10東京大空襲のときは川口の工場にいて難を逃れた。鈴木さんの証言から。

「私は昭和二年七月に生まれ、昭和の子どもとして、改訂教科書（昭和七年改訂）によって教育されました。世にいう『サイタ　サイタ』『ススメススメ　ヘイタイススメ、ヒノマルノハタ　バンザイ』と軍国日本を担って立つ教育を受けて育ちました」

鈴木さんは小学二年のとき、二・二六事件が起き、やがて昭和十二年七月七日、北京郊外の盧溝橋での衝突から中国と全面戦争に突入し、昭和十三年には国家総動員法が制定。昭和十五年には大政翼賛会が設立された。

「私たちはこのようななかで成長し、そしてついに昭和十六年十二月八日、米英開戦となり、二十年八月十五日の終戦まで塗炭の苦しみを味わったのです。忘れることのできないのは、多くの先輩たちが学徒出陣でほとんど帰ってこなかったことです」

終戦の八月十五日。鈴木さんは俳句を数句、詠んでいる。そのなかの一句。

「死んだ夫よみがえり泣きくずれ」

3・10東京大空襲で十万人以上が死んだ。しかし、死んだものは生き返らない以上、生き残ったものは何をなすべきか。戦争を知らない次の世代に再び、同じ過ちを繰り返させないために悲惨な過去を語っていくことだと鈴木さんは思う。

＊原発事故は人間の心をむしばんだ

「南相馬はみんな人間性がいいところだったのに、東電のおかげでめちゃくちゃにされました。それが一番、悲しいです」

こう語るのは南相馬市原町区国見に住む大槻千鶴子さん（七五）だ。福島第一原発から二十キロ圏内。放射能に汚染されている同地区は除染しないと住めない。ところが、自分たちの命は自分たちで守るのが基本なのに、何でも東電頼み。大槻さんは東電の相談室へ乗り込んで行って、こう言った。

「東電はお金さえ出せばいいと思うかもしれないけど、南相馬の人々の人格をダメにしたんですよ。お金さえもらえればいいと思うから、仕事しなくなったのよ。そういう町にしてしまったのが、原発事故です。人間の心をむしばみました」

二〇一一年三月十一日、午後二時四十六分。大槻さんは病院のベッドから起き上がろうとしたときに大きな揺れを感じた。その三日前に子宮がんの手術をしたばかりで、まだ抜糸もしていない。やがて津波情報が流れ、病院内は大騒ぎ。

トイレの水は止まる。夜になって、みんなで避難するから「下に降りてきて！」と言われた。しかし、歩けない。そのまま大槻さんは病院に残ったのである。ところが、十三日に病院を閉鎖するという。

「私は家族四人とともに各地を転々としました。まずは飯舘村を通って、川俣へ行きました。そのあと福島市や栃木の小山市へ行きました」

まだ抜糸されていないので、車で走っていると、傷あとから水が出てくる。こんなことが十日間ぐらい続いた。福島の病院で抜糸した。いまでこそ国から医療費は出ているけれども、当初、東電はその医療費は出せないと言った。証明書もないし、原発事故とは関係ないからと。

「でも、証明書といっても、誰が証明してくれますか」

南相馬市には一人暮らしのお年寄りは多い。証明書を書けないお年寄りも多い。

「同じ原発事故に遭っているのに、どうしてなの？」

被災者に対する東電のやり方に疑問が晴れない。大槻さんは小山市の姉夫婦のところに六カ月間、お世話になった。その間、自治医大に週二回、通った。抗がん剤も射った。

終戦時、大槻さんは国民学校一年生だった。3・10東京大空襲は直接、体験していない。当時、神奈川県の逗子市に住んでいたからである。しかし、東京の空が赤く染まっていたことは鮮明に記憶しているという。

「三月十日の明け方、父が帰ってきて、父の実家の原町に疎開することになりました。私は三月下旬、終業式を待たずにランドセルを背負って、着の身着のままで汽車に乗りました」

上野駅近くにきたとき、息を呑んだ。あたり一面、焼け野原で人々は為すすべもなく虚《うつ》ろな目をして彷徨《さまよ》っていた。子どもを背負った母親が、防火用水桶のなかに頭を入れて亡くなっている姿を見て、足がすくんで動けなくなった。

「本当に生きた心地がしませんでした」

東京に住んでいた長姉も3・10東京大空襲のとき、幼い三人の子のうち一人を背負い、残る二人の子の手を引いて防空壕に入ったが、胸を強く打ち、肋膜《ろくまく》を患って、この世を去った。大槻さんは言う。

「いつの世も、戦争で傷つくのは弱者です。子どもや女性、老人です。次の世代に戦争の悲惨さや、平和の尊さを語り継いでいくことが、大勢の戦争犠牲者に対する私たち世代の責務ではないでしょうか」

戦時中、不気味なサイレンが連日鳴り響き、人々は風呂にも入れず、食事も満足に食べられない。夜は寝入りばなを叩き起こされ、洋服を着たまま横になる。いつ、どこで、誰が空襲に遭うかわからないという、毎日が恐怖の連続。それが地震とちがう空爆の恐ろしさだろう。

＊サイパンが陥落

昭和十九年（一九四四）六月二十四日。米軍はサイパン島などマリアナ諸島を占領した。サイパンは戦争遂行上、絶対確保すべき「絶対国防圏」の中心だった。同年十一月、サイパン島から飛び立った米軍のＢ29が東京を爆撃し始めたが、日本は敗北の連続だった。

大本営陸軍部第二十班（戦争指導班）は「速やかに戦争終結を企図すべき」と主張した。しかし、総辞職した東條英機首相のあとを継いだ小磯國昭、鈴木貫太郎両首相は米軍に一《いっ》矢《し》報いて対米講和を優位に進めたいとの「一撃講和論」を主張し、戦争を続けた。

そして翌一九四五年三月十日の東京大空襲に始まる大都市への爆撃は名古屋、大阪、神戸と続き、川崎は四月十五日に空襲を受けた。八月六日には広島、九日には長崎に原爆が投下された。戦地では特攻、玉砕が続いていた。「硫黄島の戦い」では約二万人の日本兵が死んだ。

誰が見ても敗戦はサイパン陥落で明らかだった。この辺で終戦にすべきだったのに、なぜできなかったのか。歴史家・家永三郎氏（故人、東京教育大学名誉教授）が言うように戦争目的が単なる侵略戦争でなく、「国体護持のための戦争」だったからである。

いま、一票の格差で先の衆院選は「違憲状態」と判断した最高裁判決があるのに、ひたすら先延ばししようとする政治家の姿は、終戦の決断ができずに惨禍を拡大させてしまった大日本帝国とどこか重なり合う。

昭和史を眺めても、戦前の統帥権を握っていた日本の天皇が中央政府をただせず、軍部の暴走を食い止められなかった。そのとき、暴走した官僚や軍人をクビにすべきだったのに、先送り。その結果、状況はますます悪化の一途を辿り、尻拭いに追われ、うやむやに処理してしまった。

ただ、生涯で三回、天皇が軍と対立して勝っている例がある。第一回は張作霖《ちょうさくりん》暗殺事件で長州軍閥の長である田中義一首相のクビを斬ったとき。第二回は二・二六事件のとき。三回目は敗戦で軍隊全部を斬りすてたとき（松浦総三『「天声人語」の天皇と戦争』蝸牛新社）。

＊官僚各省は国益よりも省益を優先

戦後の政治体制もこの構造に変化はない。戦犯は公職復帰し、解体した財閥は息を吹き返した。戦争責任を隠ぺいし、ごまかした。それを一貫して擁護したのが大新聞だった。戦前の軍部官僚と同じように、官僚各省は国益よりも省益を優先し、各省庁の分捕り合戦を展開する。これは戦前、陸海軍がことごとく対立し、最後まで一体的な作戦を組めなかったのに似ている。日本が戦争に負けた大きな要因の一つは陸軍と海軍の縦割り意識の強さにあったことはいうまでもない。

その結果、政府は膨大な国債を発行し、借金の山を築く。いまや一千兆円という返せる見込みのないところまで膨らんだのに、誰も責任を取らない。安倍政権は国土強靭《きょうじん》化を名目に十年間で二百兆円ともいわれる公共事業をやろうとしている。

もちろん、国民の命と財産を守るための社会資本整備という国の役割に、予算が正しく使われるのなら国民も納得がいくだろう。しかし、日本の行政組織は隙あらば、自分たちの都合のいいように予算を使う傾向がある。

憲法改正や集団的自衛権の行使容認を掲げる安倍政権は、どうも予算を正しく使いそうもない。戦前の軍事国債発行と同じ過ちを繰り返すように思えてならない。五十嵐敬喜氏

（法大教授）も『日刊ゲンダイ』（二〇一二年十二月十七日付）で大要、こう述べている。

「他国が攻めてくるのだから、軍艦を造らなければいけない。同じように、必ず首都圏を大地震が襲うのだから、四の五の言っていられない。すぐに国債を出して公共事業をやるしかない。そんな中、政治家＝族議員と官僚、財界が再び、トライアングルの三角同盟を築く可能性もないわけではない。

もちろん、公共事業で老朽化した施設を改善することは必要だろう。再生エネルギーも大事である。しかし、風力や太陽光発電などは結果が出るまで時間がかかる。参院選までに短期間で景気回復を演出したい安倍政権はやはり、土建屋を潤そうとしているように見える。必要のない公共事業に使われることになると思う」

＊国民を人質に自らの延命を図る

太平洋戦争の教訓はトップの決断である。無為に引き延ばしを続けたために、東日本の復興も経済の低迷も外交の停滞も続いたことは周知の通りである。国民生活を人質に取り、自らの延命を図る――。いつの時代も権力者は自分の都合を考えて、国民をないがしろにするものなのかもしれない。

第三章

仙台空襲と津波

Ⅰ 山河破れて国有り

私が宮城県の仙台市や石巻市、名取市、岩沼市、東松島市、松島町などを訪ねたのは、大震災（大津波）から四カ月半たった二〇一一年七月だった。まずは仙台市戦災復興記念館（青葉区）を訪れた。パンフレットにこう書かれていた。

「この記念館は仙台空襲と復興事業の記録を保存し、仙台市の今日の発展の蔭にあった戦災と復興の全容を後世に伝えるとともに、あの悲劇を二度と繰り返さないための平和の殿堂としていくものです」

＊仙台空襲は東北で最大規模

仙台空襲は一九四五年七月十日未明に行われた。夜間焼夷弾による市街地に対する無差別爆撃だった。Ｂ29は百三十四機で焼夷弾九百十二トン、爆弾五トンを投下した。被災家屋二万三千九百五十六戸、死者八百二十八人（その後の調査で死者は千四百人以上）、重傷者三百八十五人だった（仙台「市民の手でつくる戦災の記録」の会編『仙台空襲』）。

仙台空襲は死傷者数、焼失家屋数などから見て、東北地方の空襲のなかで最大の規模を持つ。私は戦災復興記念館の展示品の一つ一つを見て回った。目を覆いたくなる惨状が次から次へと飛び込んでくる。

市役所付近は全壊し、がれきの山となっている焼け跡、富国生命ビル屋上から市街地と市立病院付近の焼け跡、青葉山から見た焦土の町、崩壊した仙台駅のバラック建ての仮駅舎、焼け落ちた清水小路の専売局……。

＊空襲の語り部にインタビュー

私は仙台空襲を経験した人がいないかを戦災復興記念館の職員に尋ねた。

「おりますよ、仙台空襲の語り部です」

その人の名前は好川堉雄《よしかわいくお》さんという。彼は現在、「仙台の戦災・復興と平和を語り継ぐ会」（以下、語り継ぐ会）の理事で、仙台空襲の「語り部」の一人。一九三二年一月生まれの八十歳。

好川さんは記念館の一隅で静かに語り始めた。空襲時、中学二年生で十四歳だった。

落とされた爆弾は、ナパームのような油脂焼夷弾（四十八発束になっている親子爆弾。十センチ径の長さ約六十センチ）で、地上三百メートルぐらいで爆発し、半径百メートルのところに落とされたのである。

「油の臭いが充満し、逃げまどう人々の上に焼夷弾をまき散らしました。町の中は、死体が累々と横たわっておりました。身元のわからない方たちの遺骸はトラックの荷台にスコップで積み上げられ北山霊園に運ばれました。乳飲み子の上に被さって共に黒焦げになった母親の死体。そこに私は地獄を見る思いでした」(語り継ぐ会編『これだけは是非知ってほしい』)

＊焦土と化した仙台空襲と情景は同じ

好川さんは今回の東日本大震災についても語り始めた。

「仙台市若林区や名取市の沿岸部は津波で呑まれ、多くの死者がでました。その情景は、一面焼け野原になった仙台空襲のときとそっくりです。また津波で行方不明になった方たちを捜し求める姿は、空襲によって焼け出され、身元不明の遺骸を捜し求めている姿と重なって見えました」

戦災と震災――。たった一字ちがいでも、戦災と震災はまったく異なる。前者は人災だが、後者は天災だ。それを同じ次元で論じられないけれども、県民の恐怖・怒りは等しく深い。そして悲しいかな、爪痕は似ている。東日本大震災の行方不明者は宮城県内だけでも約二千八百人に上る。

仙台空襲では、約五百ヘクタールが焦土と化し、犠牲者は千四百人を超えた。しかし、

仙台空港に隣接する航空大学校仙台分校も津波に呑まれた（宮城県岩沼市／写真提供：塩澤倬氏）

身元不明者の正確な数字は六十七年たったいまも、まだわからない。

＊五木寛之「山河破れて国有り」

敗戦と３・11——。作家の五木寛之氏はこう言う。

「３・11は、日本人にとって『第二の敗戦』ではないかと思います。私には三陸海岸の無残な風景と、広島の原爆の焼け跡が重なってみえました。しかし、敗戦と３・11ではまったく違う。第一の敗戦のときは、『国破れて山河有り』。空襲を直接うけた都市は壊滅状態でしたが、山々は繁り、水は清く流れていました。ところが３・11の場合は、『山河破れて国有り』ではないか」（『文藝春秋』二〇一二年四月号）

なるほど、空襲によって仙台の町は一面焼け野原になったが、山々は青く茂り、川の水は清らかに流れていた。しかし、今回の津波によって沿岸部は破壊され、大規模な地盤沈下で地形は変化した。何より、放射能による汚染は山にも川にも海にも広がってしまった。まさに、「山河破れて国有り」――。

私は好川さんに戦時中の防空訓練について尋ねた。

「訓練はしていましたけれども、バケツリレーや竹やりでたたき落とす程度の訓練で全然、問題になりません。防空壕は縁の下に掘らされました。しかし、防空壕に入った人たちはほとんど蒸し焼きにされました。防空壕があったために逆に被害が大きくなったともいえます」

当時の日本の民間防空体制はお粗末そのものだった。投下される焼夷弾と爆弾に対して、火たたきとバケツリレーで向かって行ったが、多くの日本人は焼死した。これは、銃後の国民に特攻思想を強要したためである。

民間防空の最高責任者は警視総監で、「民間防空は、国民の義勇奉公の精神を基調として行うべき」と訓示していた。義勇奉公とは正義と勇気をもって、国家や主君のために尽くすという意。科学的な防空体制ではなく、精神論を押しつける絶望的な訓練しか示し得なかったのである。

＊海岸はがれきの山

全市が壊滅状態になった宮城県名取市へ。市街地に近づくにつれ、道路の傷みはひどくなる。水たまりの個所もあった。名取川の名取橋にさしかかったとき、思わず息を呑んだ。橋の上から下を望むと、海岸の町は一面、がれきの山と化していた。その光景はテレビで何度も見ていたが、テレビで見た光景と自分の目で確かめた光景とは、また別の世界だった。

不思議な沈黙、奇妙な臭い……。道路で見かけるほとんどの車は復旧作業のダンプカーや警察のものだった。道路はあるが、町がない。３・11までは人間が住んでいた。じいちゃん、ばあちゃん、とうさん、かあさん……同じ屋根の下で食事をしたり、テレビを見たりしていたのに……。

いまも、灰褐色だけが広がる世界に、一つ一つの家族、一人一人の人生があったことを見いだすのは、不可能に近い。

のちに、がれきの置き場から火が出たというニュースが流れた。微生物の動きが活発になったり、金属と水が反応したりして熱がたまるのが原因だという。微生物を多く含むヘドロや重油まみれの木材が交じる津波被災地の火災は、まるで大空襲で燃え盛った東京の町の様相と似ていた。

＊震災という名の「戦場」

津波によって流された船があちこちに転がっていた。名取市小塚原には道路と田んぼの間に、「第五蔵王丸」という名の船があった。閖上《ゆりあげ》小学校は静まり返っていた。頭ではわかっていても、実際に訪れてみると、あまりにも被災したエリアが広く、かつ多様であることが体で理解できた。それぞれの持つ町の豊かな風景と東北の地形が生み出す自然の風景が傷ついたのを、この目ではっきりと捉えることができた。

津波で呑みこまれた町の木造家屋は土台しか残っていない。岩がむき出しになっているだけだ。町の彼方まで見渡すことができるのがいかにも異様で、ところどころにコンクリートの建物が骸骨《がいこつ》のように立っていた。

報道されていない小さな集落も例外なく、津波に呑まれていた。町にはほとんど人影が見られない。この状況に接して、私は自然の猛威に文明がすべて否定されたように感じた。私は「空襲・戦災を記録する会」全国連絡会議で各地の戦場写真を数多く見てきたが、どんな戦場でもこんなすさまじい光景を見たことがない。

道路わきには巨大な松の木の残骸があった。ガードレールが外を向いてひん曲がっていた。津波の引き潮のエネルギーによって、想像のつかない力が働いたのだろう。津波は凶

津波で破壊された建物（石巻市）

暴な力で一瞬にして平穏な日常を変えた。地肌がむき出しになり、荒廃した光景は、まさに震災という名の「戦場」ではないのか。

石巻市。製紙工場も大きなダメージを受けた。紙製品を運んでいたコンテナ貨車、出荷されるはずだった紙製品のロールが津波の力であちこちに散乱していた。とくに紙を運んでいた鉄道の被害は甚大。線路はぐにゃぐにゃに折れ曲がり、赤い車両はレールから外れ、大きく倒れていた。仙台空襲でも鉄道が狙われ、市民の足が奪われたが、今回の津波の比ではない。

宮城県松島町。不思議なことに、松島湾周辺の被害は軽微だった。東の野蒜《のびる》海岸や西の仙台平野の被害と比較すると、様相はまったく異なっていた。松島の島々が救ったのだろう。

＊「貞観津波」無視された警告

「科学は未来を予測することはできなくても、過去を正確に知ることができるし、そのことから災害の悲劇を繰り返さないために、どう備えなければならないかを提言することができるはずだ。科学は人々の命を守るためのものでなければならない」

こう言って、突然、襲ってくる津波に警鐘を鳴らしていた地質学者がいる。東北大学大学院理学研究科の箕浦幸治《みのうらこうじ》教授である（以下、ノンフィクション作家の柳田邦男氏の論文「巨大津波　無視された警告」『文藝春秋』二〇一一年四月号を参考にする）。

箕浦教授は明治期、歴史地理学者の吉田東伍『類聚国史』の一編「三代実録」のなかの、貞観《じょうがん》十一年（西暦八六九年）五月二十六日、仙台平野を襲った貞観地震・津波に注目した。そして箕浦教授自身も、この貞観津波に地質学の手法を採り入れて、調査したのである。

地質学の手法とは大地を掘削して、津波の痕跡を探す方法のことである。水田の広がる仙台市若林区の荒浜地区でボーリングを行い、地質調査したところ、貞観津波の痕跡がはっきり残っていることを発見した。「三代実録」の記述は事実だったのだ。

箕浦教授はその年（一九八六年）の地震学会で、貞観津波が歴史的に最大級の津波であり、仙台平野における津波対策を再考する必要があるという研究成果を発表した。ところが、地震学者たちはこの報告にまったく関心を示さなかったという（前掲書「柳田論文」）。

なぜなのか。箕浦教授は述懐している。

「貞観津波の研究などは、枝葉末節そのものだったのでしょう。それに地震学者は、地質学にほとんど興味を持たないんですね」

一九八六年は、二〇一一年の3・11「東日本大震災」の二十五年前である。もし、このときに官僚も政府も産業界も地震学会も、箕浦教授の警告に真摯《しんし》に耳を傾けていたら、こんなに被害は拡大しなかったにちがいない。警告を無視し、何の備えもしなかったことが、今回の大惨事を招いたともいえる。

さらに箕浦教授は海岸線から約一・八キロの荒浜地区だけでなく、約二・五キロと約四キロの二カ所を加えた計三カ所を掘削した。その結果、重要な新事実を発見。貞観津波は海岸から一番奥に入った地点を含めて三カ所すべての地点で堆積物の痕跡を残しているという事実をつかんだのである。

箕浦教授は津波の発生間隔を平均的に八百年から千百年に一回と結論づけた。そして一九九〇年にその論文を今度はアメリカの地質学会誌に投稿して掲載された。論文のなかで、こう警鐘を鳴らした。

「貞観津波から今は千百年の時を経ており、堆積の周期性から考えると、仙台湾岸で巨大な津波が発生する可能性がある」（同）

この論文は、また日本の学会では注目されなかった。巨大津波の警告を無視した日本の政府や学会、ジャーナリズム……。そして不動産業者らしい人物からの圧力も。「仙台平野に大津波がくるなどといい加減な発表をするな」と。

＊桐生悠々の「関東防空演習を嗤ふ」

戦前の日本では、〝万邦ニ比類ナキ〟検閲が行われ、ほとんど言論の自由はなかった。戦前のジャーナリズムのタブーは天皇制批判、ポルノ、日本本土空襲に関する文章だった。このタブーに挑戦したのが、信濃毎日新聞の主筆・桐生悠々。彼は「関東防空演習を嗤《わら》ふ」と題してこう書いた。

「敵機の爆弾投下こそは、木造家屋の多い東京市をして、一挙に焼土たらしめるだろう……逃げ惑う市民の狼狽《ろうばい》目に見る如く、投下された爆弾が火災を起す以外に、各所に火を失し、そこには阿鼻叫喚の一大修羅場を演じ、関東地方大震災当時と同様の惨状を呈するだろうとも想像される」（『信濃毎日』一九三三年八月十一日付「評論」）

軍部は烈火のごとく怒り、在郷軍人会は不買運動に乗り出して、この圧力で桐生悠々は信濃毎日を追われた。この小文は十二年後の日本本土空襲を予見した警世の文章といえた。もちろん、軍部は関東大震災の大火の経験から空襲の恐ろしさを知らぬはずはない。空襲されれば、それで終わりということを知りながら、侵略戦争に突入していったのだ。

箕浦教授の「貞観津波」と桐生悠々の「関東防空演習を嗤ふ」の二つの警鐘――。これは同列には論じられないだろうが、その本質はまったく同じではないのか。よもや、一地方の学者、ジャーナリストだから警告を無視したのではないだろうが、戦前も戦後も日本の構造的システムは何ら変わっていないのだ。

一九四三年二月のガダルカナル島からの撤退。一九四四年六月のマリアナ攻防戦で、もはや戦局の帰趨《きすう》は絶望的になり、多数の戦死者や餓死者が出て、誰が見ても敗戦は明らかだったのに、「がんばろう！　日本」などの標語が飛び交っていた。

二〇一一年の夏。「節電しよう」「一五％削減しよう」と東京電力はもとより、政府も政治家もマスコミも一丸となって呼びかけた。その呼びかけを聞いていると、戦時中の「ゼイタクは敵、ガマンは美徳」というプロパガンダを思い起こす。

節電の大合唱は戦意高揚と物資の調達のために家庭の鍋釜まで供出させた戦時体制下とよく似ている。その結果、猛暑のなか、エアコンをつけずに熱中症になった老人がいた。私自身も計画停電のため、二度、暗闇の生活を経験した。そのことに疑問を挟もうとすると、異端児扱いされそうになった。

＊震災報道は戦争時の情報操作と同質

３・11東日本大震災以降、日本のメディアは朝から晩まで被災地の報道で満ちていた。とりわけ、東電や政府から流される〝大本営発表〟を鵜呑みにし、無定見な情報を流したことは、太平洋戦争時の国民に対する情報操作と同質である。

津波が町や村を根こそぎ流した大震災は日本の歴史上、最大の災害として歴史に刻まれるだろう。日本の敗戦もわれわれに決定的な歴史を刻んだ。

戦争末期、日本の都市という都市は米軍のＢ29爆撃機によって木っ端みじんに焼かれた。そうしたなか、東北地方の空襲は一九四五年八月十五日の無条件降伏前の七月と八月に集中した。一般人を狙い、戦意喪失を目的とした無差別殺戮《さつりく》爆撃である。

先に述べたように宮城・仙台空襲は七月十日未明。岩手・釜石の艦砲射撃は七月十四日と八月九日の二回。青森空襲は七月二十八日。ただし、福島・郡山空襲は四月十二日正午前後、保土谷化学工場その他の工場に対する精密爆撃だった。そのころ、米軍はおもに軍需工場を狙っていたためである。

日本のように権力機構（政治家、官僚、マスコミ等）が強大で庶民が無権力の国では、大空襲や原爆投下のときもそうだったが、老人や子ども、女性など弱い立場の人々に被害がしわ寄せされる。東日本大震災の死者の六四・四％は六十歳以上の人々である。

敗色濃厚な日本に対して続けられた米軍の容赦ない空襲。しかし、何よりも日本の指導者が終戦の決断を遅らせたことが戦禍を広げ、犠牲者を増やしたことはいうまでもない。

第二次大戦が残した教訓は〝決断〟である。いま、震災復興をずるずると先延ばしして、決断できないのは戦前の政府とそっくり。そのことによって、国民を欺く大本営発表という悲劇が生まれたことを忘れてはならない。

＊風化させるな！「戦争と津波」

「父が死んだ戦争って何だったんだろう」

仙台空襲を題材にした手作りの紙芝居を戦災復興記念館で二〇一一年、二回行った百束《ひゃくそく》たき子さん（六九）は二歳のとき、現在の東松島市の祖父宅で終戦を迎えた。南方へ物資を運ぶ船の船長をしていた父親は戦死したと後年、知らされた。

「ボルネオで死んだと言われていますが、どこで死んだかはっきりしないんです。ただ、キリの箱のなかに、骨の代わりに白い造花が入っていたことだけは覚えています」

東北学院大学（二部）や武蔵野美術短大油絵科（通信教育）を卒業して昭和四十五年（一九七〇）に結婚。絵本講座にも通っていた百束さんは地域の歴史物を題材に紙芝居を作っていた。しかし、歴史を調べると、そこに出てくるのが学童集団疎開や仙台空襲の〝戦争の歴史〞だった。父を死なせた戦争についても調べ始めた。

戦争を知らない世代は八割を超えている。紙芝居で学童集団疎開や仙台空襲を描けば、大人も子どもも戦争について考えてくれるだろう、と思った。『空襲・学童疎開・終戦―宮城師範学校男子部附属国民学校の記録』の本を読んだり、千四百人以上の死者を出した一九四五年七月十日未明の仙台空襲の体験者から直接、話を聞いたりして、事実を忠実に描いた。それが『ぼくたちの学童集団疎開』と『願いを七夕に〜仙台空襲物語』という作品になった。

今回の津波で、東松島市にあった百束さんの実家も流された。女手一つで三人の子どもを育てた九十三歳の母が建てた家だった。親戚の叔父も叔母も津波に呑み込まれ、亡くなった。危うく助かった母は震災後、市内の仮設住宅で兄夫婦と暮らしている。

「津波の悲惨さも後世の人に伝えてほしい」

百束さんのところへ、こんな電話がかかってきた。

「戦争も津波も風化させてはなりません。そのきっかけになれば……」

命の尊さを描く百束さんは、こう語った。

II　地方中小都市は「無防備都市」だった

＊福田町南一丁目公園の仮設住宅で

仙台市宮城野区福田町南一丁目公園の仮設住宅で、平山軍治さん（七二）は静かに仙台空襲について語り始めた。平山さんは当時、岡田小学校の一年生。

「頭上を低空でB29の編隊が金属音を響かせながら通過していきました。すごく怖かったです。空襲でやられた町は一面、焼け野原。仙台駅から向こうは一望千里でした」

岡田小学校はいまも仙台市宮城野区の海沿いの田園地帯にあり、近くには貞山堀がある。この貞山堀の設計と開削を行ったのは、伊達政宗によって招かれた毛利家浪人の川村孫兵衛重吉だった、と作家・司馬遼太郎氏は『街道をゆく―仙台・石巻』で書いている。

ここは江戸期、仙台米を江戸に積み出す港で、北の石巻とともに栄えた町。貞山は政宗の死後の諡名《おくりな》だから、かれが掘らせた運河を意味するらしい。この運河が仙台を「沃土」としたのだが、この豊かな海辺も今回の津波で流されたのである。

同じ仮設住宅に住む遠藤サツ子さん（七三）も平山さんと同じ学校で同級生。住まいは仙台市宮城野区岡田字浜通り。今回の津波で家が流された。

「わたしたちは助かってよかったかわかりませんけれども、助かった人のドラマは皆、ちがいます」

二万人の死者・行方不明者、三十万人を超す避難者の一つ一つのドラマはいろいろ。形を異にする悲しさ、寂しさがある。阪神・淡路大震災のあと、ビートたけし氏は語っていた。

「死者六千人の災害が起きたのではない。一人が死んだ災害が、同時に六千件起きたのだ」

震災で苦汁をなめるのは、一人一人の個人という指摘だ。しかし、一つ一つのドラマがちがえども、そこから目をそらさず、きちんと向き合うことでしか未来は切り開かれないと、遠藤さんは思う。

その日、遠藤さんは一睡もせずに朝を迎えた。

「津波はただ海面が高くなってくるのかと思っていましたら、家も車も流されているのでびっくりしました」

まるで、ＳＦ映画が描く終末戦争のなかに自分が置かれたような底知れぬ恐怖。しばらくは放心状態だったという。

「津波は戦争より恐ろしいです。空襲は警戒警報が出ましたけれども、地震は予告なしにきますので」

戦争は避けようと思えば、人間の力で避けられる。しかし、地震ばかりは科学の力でも、どうにもならない。最後通牒も何もなしに突然、襲ってくるからである。

――ご主人は？

「車で逃げましたけれども、二週間後に遺体で発見されました」

いま遠藤さんは仮設住宅で一人暮らし。最後にこう言った。

「空襲とのちがいは人が焼けていないだけです」

＊本土空襲のなかの仙台空襲

太平洋戦争末期、米空軍Ｂ29による日本本土空襲は昭和十九年（一九四四）六月十六日の北九州爆撃によって開始され、敗戦の日である翌年八月十五日まで、一年二カ月間にわたって行われた。そのなかで仙台空襲はどう位置づけられるのか。（以下、松浦総三『天皇裕仁と地方都市空襲』大月書店刊を参考にする）

日本の本土空襲は米軍の戦略目標や爆撃戦術、戦局の位相から見て、三期に分けることができる。第一期は昭和十九年六月十六日の北九州八幡製鉄所の爆撃から、翌年三月四日朝の東京市町空襲まで。爆撃はたいてい昼間に行われ、高高度（一万メートル）から製鉄工場や港内船舶などを破壊した。

第二期は昭和二十年三月十日未明、東京都江東地区に対する夜間無差別焼夷弾爆撃に始まった大都市への市街地空襲で、五月上旬まで続いた。第二期空襲の特徴は三百機以上のB29による夜間超低空（千五百メートル—千八百メートル）から明らかに人員殺傷を目的とした大都市密集地空襲だった。いってみれば、〝皆殺し戦争〟の爆撃だった。

おもなものは三月十、十三、十五日の東京空襲。同十二、十九、二十五日の名古屋空襲。同十三日の大阪空襲。同十七日の神戸空襲など。これら第二期空襲のなかで、最も凄惨だったのは三月十日の東京大空襲で、一夜にして十万人以上が死んだ。

第三期空襲は昭和二十年五月二十四、二十五日の東京・山の手空襲から始まり、敗戦の日の八月十五日まで続いた。

この第三期空襲の特徴は、第一期と第二期空襲で焼け残った大都市への焼夷弾攻撃と残存工場・軍事施設への爆撃、製油施設の破壊、そして六月中旬から始まった地方の中小都市への焼夷弾攻撃だった。非戦闘員の殺戮であり、戦意喪失を狙うものだった。

東北地方の仙台空襲や青森空襲、八戸空襲、釜石の艦砲射撃などは、この第三期空襲に当たる。無差別爆撃による都市破壊の目的は軍事施設や工場、鉄道、港湾などの爆撃と異なって、日常生活そのものの破壊にあった。

この地方中小都市空襲は六月十七日の第一回から数えて合計十六回。八月十五日まで約二カ月間続いた。動員されたB29は延べ七千三百十三機。爆弾投下量合計は五万三千百二十六トン。B29一機に平均七・三トンの爆弾を積んでいた。焼失したのは五十七都市。三十五万人前後（非戦闘員は五万人前後）の死者を出したという（奥住喜重『中小都市空襲』三省堂選書）。

これだけの数のB29が、約二カ月間、日本の上空をわがもの顔に乱舞していた。しかし、日本軍はこのうち撃墜したのは、たったの三機だったという。これでは戦争にならない。搭乗員や兵員の生命を大切にした米軍と、日本の「特攻作戦」を比べると、まさに月とスッポンである。米軍のB29にとって日本の戦闘機はまったく相手にされなかったようだ。

＊予知・防災体制は欠陥だらけ

ところで、地方中小都市空襲の最も不幸なことは、日本軍に防空意識がまったくなかったこと。戦闘機も高射砲も見せかけのもので、B29には歯が立たなかったのである。3・10東京大空襲の後、群馬県前橋市に旅行したジャーナリストの清沢洌氏は『暗黒日記』にこう書いている。

「前橋にゆく汽車からみると田舎では、まだバケツで防空演習をしている……東京の焼跡をみれば、敵は機械力で爆撃していることがわかる。結局、知識のない連中が指導しているることがこうなるのである」

初期消火は原始的な火たたき、バケツリレー。これでは米軍の近代的科学の粋を集めたB29の爆撃を防ぐにはまったく役に立たない。しかも男性は戦地や兵営・軍需工場にいたから、その主体は女性だった。このように日本の地方中小都市は「無防備都市」だった。

同じように、3・11「東日本大震災」も、日本の防災は無防備状態にあることを露呈した。避難・誘導体制や広域避難場所などは適切に機能していたのか。都市や社会構造の変化に対応した防災措置は取られていたのか、など東日本大震災は多くの課題を残した。

一方、地震予知研究にも疑問が残る。地震学会と火山学会の連携は十分だったのか。単なる過去の統計と確率論に基づく知見でよかったのか。また一定説以外は絶対に認めようとしない専門家の権威主義など、地震国ニッポンの予知・防災体制は欠陥だらけだったのだ。M9・0という地震と、それに伴う十五メートルを超える津波がくるという「予知」もできず、それに対応する防災対策が杜撰《ずさん》であったが故に、東北三県の沿岸部の市町村はことごとく破壊され、何万人という尊い命が奪われたのである。

防空と防災――。一字ちがいといえども、両方に共通しているのは国民への安全性の欠如と、その対策の杜撰さである。それは我が国における近代都市建設は防空や防災を念頭に置かずに、政治・経済・流通などを重点に置いていたからである。

＊寺田寅彦の警世の書『天災と国防』

戦前の物理学者で随筆家の寺田寅彦は書いている。

「文明が進めば進むほど天然の暴威による災害がその劇烈の度を増す……（中略）大天災に対する国防策は政府のどこでだれが研究しいかなる施設を準備しているかはなはだ心もとないありさまである……（中略）陸軍海軍のほかにもう一つ科学的国防の常備軍を設け、日常の研究と訓練によって非常時に備えるのが当然」（『天災と国防』講談社学術文庫）

この小文が書かれてから八十年近くたっているが、いま読んでも驚くほど示唆に富む。国民必読の警世の書と言われる所以《ゆえん》である。「防災も国防であり、外敵への備えより防災が優先すべきである」という主張も輝きを失っていない。

今回、大震災で大きな被害を出したのは、「想定外」だったからではない。為政者が寺田の警鐘を忘れていたからである。

もう一つ、注目すべきは、この小文が書かれた時代と今日の状況が極めてよく似ていることである。日本の構造的システムは戦前も戦後も、本質的に変わっていないようだ。寺田の時代は満州事変（一九三一年）が勃発、「満州神話」を利用した軍需産業の利権が横行した。エッセイストの山本夏彦氏は書いている。

「（満州事変で）世間はうるおったがそれはほんの一部で、全体はまだ不景気だった。ネオンは輝きデパートに商品はあふれカフェーバーダンスホールは満員だった。金さえあれば贅沢《ぜいたく》は出来た」（『「戦前」という時代』文藝春秋）

軍需景気で潤ったのはひと握りの特権階級で贅沢三昧な生活を送っていた。一方、貧しい庶民はそのなかを糊口《ここう》をしのいで、かろうじて生きていた。

＊「安全神話」を利用した「原子力ムラ」の利権構造

戦後、同様の豊かさに危うさが潜む今回の原発でも「安全神話」を利用した「原子力ムラ」に利権構造が横行した。官僚と政治家、財界、学界が一体となって予算を好き勝手に使う。その予算から外れた国民は一方的に税金を収奪され、ひたすら貧しい生活に耐え忍ぶ。

満州事変当時と同じように、ひと握りの特権階級だけが甘い汁を吸い続ける、この不条理な日本。国民の命が使い捨てだった戦前と何一つ変わっていないのだ。こうした構造をマスコミは知らないはずはない。なのに、マスコミも時代に迎合し、権力と一体となって甘い汁を吸う。

写真家の野田雅也氏は座談会「震災から一年―ジャーナリストたちは何を見てきたか」

（『世界』二〇一二年七月号）でこう言う。

「マスコミは戦時中に戻ってしまった感がある。いや、元に戻ったのではなく、戦後も変わらなかった」

つまり、それはメディア自身が戦争に加担したことを反省せず、また同じことを繰り返さないための検証もしてこなかったからだという。

今回のような大規模な災害が起こると、戦時中と同じことが繰り返されるのは、そのためだろう。この国の責任の主体が曖昧なことも、それに輪をかけている。その典型が戦争責任であり、戦後、論じられることはなかったのである。

＊日本人の加害者意識の希薄さ

しかし、反省や検証がなく、責任追及が曖昧にされてきた背景には、われわれ一人一人に加害者意識が希薄であったことも見逃してはならない。日本人は被害者意識の強い国民だと言われる。東京大空襲や地方中小都市空襲、広島・長崎への原爆投下があったからである。

反対に加害者としての自分を語るのは嫌いな国民である。同じ日本人が兵隊として戦地に赴き、加害をしてきたことに無自覚、無責任であった。だから、南京やフィリピン、東南アジアなどで行った虐殺については口を拭って語らないのである。

われわれは被害者であると同時に加害者でもある。そのことを厳しく見つめ直さない限り、またどこかで同じ過ちを繰り返すだろう。

＊遅すぎた「ポツダム宣言」受諾

先に日本が不幸だったのは日本軍に防空意識がなかったと書いたが、もっと不幸だったのは一九四五年七月二十八日、米英中によるポツダム宣言を知っていながら、受諾しなかったことだ。受諾は八月十日だったが、もし、七月二十八日の段階でポツダム宣言を受諾しておれば、七月二十八日以降の空襲も八月六日の広島と八月九日の長崎の原爆もなかった。

ポツダム宣言後の地方中小都市空襲の人的物的被害を見てみると、「死者三十万三千六百九十三人、負傷者十万三千七十九人、戦災者百三十一万千五百八十八人、焼失家屋二十七万二千九百八十六戸」（奥住『前掲書』『中小都市空襲』）と。ポツダム宣言受諾の遅れが、被害を拡大させたのである。

なぜ、こんな悲惨な被害が生まれたのか。なぜ、回避することができなかったのか。日本の指導者の〝決断〟が遅すぎたことはいうまでもないが、「国体護持・天皇制」に拘泥していたと指摘する識者は多い。

＊古川空襲では七人が即死

石巻市の仮設開成第十一団地でカラオケ大会があると聞いて集会場を訪ねた。３・11からちょうど一年一カ月後の二〇一二年四月十一日。

――空襲体験をお持ちの方、いらっしゃいますか。

私の問いかけに「いますよ」と答える婦人がいた。終戦直前の一九四五年八月十日午前十一時四十五分ごろ、宮城県古川市の小さな集落を襲い、民家六棟が全壊、七人が即死した空襲である。

「Ｂ29が飛んできて、焼夷弾を落としていきました。防空壕に隠れて、じっとしていました」

こう語るのは畠山玲子さん。昭和八年七月生まれの七十八歳。敗戦時は小学六年生。父は支那事変で戦死。昭和十二年だった。そのとき、母は二十五歳。兄弟姉妹は四人。

「母は女手一つで私たちを育ててくれました」

玲子さんが結婚したのは昭和三十二年十二月。仕事は魚の加工。工場は海のすぐ近くにあったが、それも今回の津波で流された。女川町に住んでいる妹も津波に呑み込まれ、行方不明。叔父の実家も三人流され、一人は遺体で発見。残りはいまだに行方不明という。

「戦争で苦しみ、震災で悲しむなんて、私の人生はいったい、何なんでしょう」

いまは一人暮らし。障害者手帳を持っている。

——いま、いちばん困っていることは？

「お風呂です。体が不自由で足が上がらないので。手すりがないのも困ります。あとは四畳半で狭いこと。マッチ箱に入れられているようです」

東日本大震災は戦後日本の弱点をさらけ出した。最も被害がしわ寄せされるのは社会的弱者。高齢者、女性、子ども、障害者……。とくに被災地での障害者の死亡率は健常者の二倍に上るという。

二〇一二年四月、石巻市内の田んぼのなかに立つ仮設住宅で、五十二歳の男性と知人の三十六歳の女性の遺体が見つかった。死後一〜二週間たっていた。男性が先に病死し、女性が後で亡くなったとみられる。

仮設住宅で暮らす被災者にとっては、このニュースは他人事ではない。昨年九月にも別の仮設住宅で一人暮らしの男性が刃物で腹を刺して命を絶った。支援が届かず、孤立していたのだろう。

「健康で文化的な最低限度の生活を営む」——。日本国憲法の第二五条の条文だが、歯がゆく思っている被災者も少なくない。大震災のあと、二千九百十六人（二〇一三年十二月二十四日現在、復興庁調べ）が関連死で亡くなっているが、このうち避難生活による肉体・精神的な疲れが原因のケースが半数近くに上っているという。この現状を見たとき、日本国憲法は果たして生かされているのだろうか。

＊生かされていない太平洋戦争の教訓

いっぽう、太平洋戦争で日本は大きな波に見舞われた。そのときの教訓はまったく生かされていなかったことが、３・11ではっきりした。たとえば、十メートルを超える津波はこないという「想定」は、「戦艦大和は沈まない」と主張した高級軍人と似ている。「国体護持」と叫び、終戦に抵抗した軍人と、脱原発依存をけん制する経済人が重なって見える。しかし、両者に共通しているのは、「国民の安全」という視点がないことだ。

がれきが残る被災地の光景は、米軍の空襲による焼け野原を連想する。しかし、長い戦争が終わった安堵感があった六十七年前とちがって、いま、被災者の胸にあるのは、これから先どうやって生きていけばよいのかという不安ばかり。

大震災から三年も経過しているのに、岩手・宮城のがれき処理は一〇％程度という。今回の震災で、がれきの推計量が最も多いのは石巻市だ。その量は岩手県全体のがれきを大幅に上回る六百十六万トンとされ、同市から出る年間廃棄物の実に「百年分」に相当するという。

その石巻市を見て回ったが、市内二十四カ所にある一次仮置き場には東京ドームがすっぽりと入るぐらいのがれきがあった。太平洋戦争の戦後処理でも、こんなに復旧・復興が遅延することはなかった。

＊海岸は車の山、山、山……

宮城県東松島市。無人となった沿岸部を歩いた。私は息を呑んだ。戦慄を感じた。海岸は車のがれきの山、山、山……。驚くべき光景だ。田舎になぜ、車がこんなに多いのだろう。しかし、その答えを見いだすのに、時間はかからなかった。

都会に住んでいると、あまり理解できないが、日本の田舎は完全な車社会なのだ。車がないと生活が成り立たない。公共の交通機関のバス、電車が一時間に一本とか、また駅まで遠いために、駅まで行くのに結局、車を使うしかなかったり……。「大人一人に一台」の車社会なのである。

津波で何千台もの車が使用不能になった。平時なら動かなくなった車は自動車整備業者が撤去する。しかし、その整備業者の会社も津波で流され、追いうちをかけた。

＊行政・大資本の論理がうごめく復興

いま、県や市町村では復興計画がどんどん進んでいる。宮城県では高台移転や漁業特区などが構想されている。復興構想会議の提言の目玉も「特区」の積極活用である。しかし、特区とは「規制緩和の極致であり、『マネー』にとってのバリアフリー化」と経済評論家の内橋克人氏は指摘する。

つまり、「漁業に『マネー』を導入することは、日常的に海を守ってきた人を排除して、漁民をサラリーマン化すること」。要するに、「震災を行政や政治権力が『千載一遇のチャンス』ととらえ、住民の反対を押し切ってでも事業を一気に強行する行政ファシズム」というのである（『東京新聞』二〇一一年十月九日付）。

もちろん、高台移転など災害に強い町づくりは必要だろう。しかし、創造的復興の言葉を錦の御旗にして千載一遇のチャンスとばかり、「行政の論理」や「大資本の論理」がうごめく復興計画に住民の理解は得られまい。これでは「第二の津波」となってしまうからである。

第四章

艦砲射撃・釜石と津波

Ⅰ　曖昧なまま放置される戦争責任

＊釜石は四度死んだ

私は釜石の被災地を回って、言葉を失った。二〇一一年五月十五日――。3・11から一年二カ月余がたっているのに、手つかずのままの泥土と見渡す限りの荒野が目前にあった。そこは市街地だったのか、集落の跡だったのか。

家族や友人を失った悲しみに打ちひしがれている人の話を聞きながら、何度も自問した。圧倒的なこの現実はいったい、何なんだろう。

「北の鉄人」。一九七九年から八五年まで、日本選手権を七連覇した新日鉄釜石ラグビー部の町だった。そして釜石は「鉄の町」として栄えた。日本の資本主義の象徴のような町だった。

しかし、栄えた町もすっかり人がいなくなった。被災した沿岸部の商店主たちは頭を抱えている。がれき撤去に追われ、復興計画策定のめどが立っていないからだ。

釜石港近くの商店街周辺には飲食店やホテルなど約二百七十店が軒を連ねていたが、店舗の多くが津波で全壊した。人口約四万人の町の死亡者数は八百八十九人（うち身元不明

十二人)、行方不明者数は百五十五人(『復興釜石新聞』七月二十八日号)。

「釜石は四度、死にました」

艦砲射撃の語り部を続けている「花貌」の元編集代表、千田ハルさん(八八)はこう語る。「花貌」は戦後の昭和二十二年二月、文学好きの人たち十人が集まって結成した詩人集団だ。

一度目の死は明治二十九年の三陸沖大地震による津波。死者は釜石町、鵜住居村、唐丹村合計六千四百七十七人。全人口の五〇%以上が死んだ。

二度目は昭和八年の三陸地震津波。死者四百四人(釜石市「津波防災教育のための手引き」)。

三度目は終戦間際の一九四五年七月十四日と八月九日、洋上に展開した第二次世界大戦(太平洋戦争)時の連合国艦隊の艦砲射撃を浴びたとき。

四度目は今回、襲った3・11「東日本大震災」の津波による死である。

＊国内で唯一自給できる製鉄所

製鉄所の繁栄は釜石港を抜きにしてはあり得なかった。製鉄に必要な石炭や、製造された鉄鋼を運び出すには貨物船が出入りできる港が必要だ。釜石港はそれを担う港として発展してきた。

第二次世界大戦が始まると、釜石港は一段と重要な港に位置づけられ、昭和十九年（一九四四）には軍港に指定された。文字通り、釜石は軍需都市と化していった。当然、米英軍の攻撃目標にさらされた。

昭和二十年（一九四五）、太平洋戦争が重大な局面を迎えるなか、全国主要都市はB29による空襲を受け、さらに地方都市までその猛攻が広がっていた。国内で唯一自給のできる製鉄所を持つ釜石も艦砲射撃によって狙われた。

千田さんは釜石市平和委員会編『私の八月十五日』（第一集）に手記を寄せている。それによると、当時、千田さんは二十一歳。女子挺身隊で横浜と釜石製鉄所と、二回徴用されたあと、釜鉄総務課に就職して二年足らずのときだった。

七月十四日午前十一時四十分。突然の空襲警報で職場の三十人ぐらいと事務所の近くの鈴子館の防空壕に駆け込む。「シューーッ・ドッカン」。ものすごい音が続き、うずくまっていた。悲鳴や泣き声も聞こえた。

「空襲警報解除！」の声で助かったと思い、外に出て、びっくり。製鉄所の駅前の五本の煙突はへし折れ、一面、焼け野原。家族は無事だったが、住宅は焼失した。

八月九日。二回目の艦砲射撃だった。この日の朝は家族十一人、東京空襲と名古屋空襲から逃れた弟や妹、甥、年老いた伯母らと賑やかにしていた。「シューーッ・ドッカン」。突然の爆音で甥を抱いて山に逃げた。

手で土を掘り、顔を埋めて息をひそめていたら、ザーッと土が降ってきた。その後は気絶したらしく、何も覚えていないが、しばらくして「空襲警報解除！」の声がしたので、また助かったと思った。家に帰ったら、砲弾の破片が押入れに無数に突き刺さっていた。まさに生と死は紙一重だ。

＊戦災資料館も八カ月で流失

「津波で多くの友人や知人を失いました。本当に悔しいです」

千田さんは今回、津波に襲われる心配はなかったが、電気とガスが使えなくなり、孫と三人の幼児と一緒に双葉小学校へ避難した。暗く寒い不安な夜を送ったが、最も悲しかったのは友人、知人の死の知らせだった。

なかでも釜石の「戦災資料館」建設のために八年間、毎年一緒に陳情に行っていた郷土史家の昆勇郎《ゆうろう》さんや原田伝さんらの死は心にこたえた。その戦災資料館が二〇一〇年夏にようやく完成したのに、わずか八カ月で流失してしまったのである。

＊いまも続く「日本製鉄元徴用工裁判」

「釜石は大きな津波に呑み込まれました。戦災も震災も二度と起きてほしくないです」

悲しみにうちひしがれている千田さんらを励ますために、またボランティアのために東京から金曜日の夜行バスできて、一日働いて土曜日の夜行で帰っていく人たちがいた。「日本製鉄元徴用工裁判を支援する会」のメンバーである。

日本製鉄元徴用工裁判というのは戦時中、植民地とされていた朝鮮の青年たちが軍や官憲の威力で強制的に釜石製鉄所に連行され艦砲射撃で犠牲になった、その遺族が新日鉄と国を相手取り、損害賠償と遺骨の返還を求めている裁判のこと。

父親の顔も知らない遺族の裁判は困難を極めたが、千田さんも証人として出廷。一九九七年九月、釜石製鉄所が慰霊費用として二千万円を支払うことで和解が成立した。しかし、この問題を国連にも提訴したが、国は取り上げてくれないという。

＊歴史の事実に真摯に向き合え

「この裁判はまだ終わっていません」

千田さんのこの言葉を聞いて、私は大きな憤りを覚えた。非道な歴史（南京大虐殺、従軍慰安婦、強制連行、毒ガス人体実験……）に対する反省のなさと、いまだ曖昧なままに放置されている戦争責任に対して——。

一九八五年五月八日、西ドイツ連邦議会で当時のヴァイツゼッカー大統領は演説でこう語った。

「過去に眼を閉ざす者は、未来に対してもやはり盲目となる」（『荒れ野の40年ヴァイツゼッカー大統領演説』岩波ブックレット）

この日はドイツ降伏四十周年にあたり、ヴァイツゼッカー氏はこの記念日を「ナチスの暴力支配による非人間的システムからの解放の日」と形容。ドイツはナチスの犯罪を認め、謝罪と補償をしただけでなく、膨大な被害を与えたポーランドとの間に歴史認識の共有などを行ったのである。

翻《ひるがえ》って、日本はどうか。一貫して「戦争責任はすべて解決済みである」「すべて時効である」と主張する。この彼我の差はどこから生まれてくるのか。戦時中、強制連行や捕虜に強いた奴隷労働について謝罪し、賠償せよ——。アジアからそんな訴訟が起こされているのは、なぜなのか。しかも「国」ではなく、「企業」に対して。それは戦争の加害責任を問うてこなかったツケではないのか。

また福島第一原発事故の後、ドイツは技術委員会とは別に倫理委員会を設け、脱原発を倫理面から後押しした。一方、事故を起こし、福島県民に多大な被害を与えた日本はどうか。原子力を倫理面で議論したという話は聞かない。倫理性に弱い日本人の国民性といっていいだろう。

過去を知らぬ者は、永遠に同じ過ちを繰り返すという。歴史の事実に真摯《しんし》に向き合い、日本人が行った過ちをわれわれ日本人の力で克服していかない限り、この問題は何度も繰り返されるだろう。

＊釜石はなぜ、狙われたのか

ところで、釜石は艦砲射撃でなぜ、狙われたのか。『アメリカ戦略爆撃調査、艦砲射撃調査班報告書』によると、「日本の重要産業を破壊し、輸送を混乱させ、日本国民の戦意を低下させるため、日本本州の特定地区を砲撃することであった」という。つまり、釜石は北海道の室蘭とともに鉄を生産し、日本が戦争を遂行していく上で、軍事的に極めて重要な拠点であったからだ。(以下、『日本の空襲-1　北海道・東北編』三省堂を参考にする)

まず七月十四日。三隻の快速戦艦、二隻の重巡、九隻の駆逐艦によって艦砲射撃を受けた。製鉄所の構内を中心とした工場地帯と市街地は、昼の十二時十分より十四時十八分にわたって行われ、十六インチ砲など約二千六百発の砲弾が撃ち込まれた。

砲撃開始とほとんど同時に、製鉄所や市街地域から煙の柱が立ち上がり、その煙は巨大な煙雲となって上空に覆いかぶさった。市内の中心部、寺町、只越、鈴子、松原町の倒壊家屋から火災が発生。

上空は敵機が旋回し、艦砲の砲弾は絶え間なく飛んできて、消防活動はまったく封ぜられ、家屋はただ燃えるにまかせるほかなく、市街地は焦土と化した。死没者数は四百七十八人（釜石市郷土資料館）。釜石市民にとっては明治二十九年、昭和八年の大津波以来の大惨事だった。

防空壕に避難した市民のなかには直撃を受け、死んだ人も多くいた。また砲弾の破片と爆風で死傷した人も。なかでも、釜石駅構内、駅前の防空壕、嬉石《うれいし》の防空壕では七十余人が死んだ。

家を失った市民は、ある者は焼失を免れた知人、親戚を頼り、行くところのない者は釜石国民学校、石応寺、宝樹寺、仙寿院に身を寄せて一夜を明かした。先の千田ハルさんはこう語る。

「本当に生きた心地がしませんでした」

＊日本本土初の艦砲射撃

このように重要産業都市として、第一の目標とされた釜石は日本本土で最初の艦砲射撃を受けたのである。これは製鉄所を狙ってはいたが、事実上は市民への無差別砲撃であった。

次いで八月九日。破壊された高炉の再開を翌日に控えた日だった。三隻の快速戦艦、四隻の重巡、十隻の駆逐艦によって二度目の艦砲射撃を受けた。十六インチ砲など約二千八百発の砲弾は釜石の全市と製鉄所の全施設、社宅に向けられた。製鉄所は全機能が停止するほどの甚大な被害を受けた。死者三百十八人（釜石市郷土資料館）。この日は長崎に原爆が投下された日だった。

当時、国内の労働力不足を補うために国策として、多くの中国人や朝鮮人が強制的に連行され、日本各地の鉱山に送り込まれていたが、釜石も例外ではない。俘虜《ふりょ》収容所も置かれ、オランダ人、イギリス人、アメリカ人、ニュージーランド人が収容されていた。

彼らの使役企業は日本製鉄釜石製鉄所。終戦時には三百五十一人が収容されていたが、そのうち三十二人が艦砲射撃で犠牲になった。なお、二回の艦砲射撃による死没者数（兵隊、俘虜、工場関係者含む）はその後の調査によって千人を超しているという。

＊市民の証言から

七月十四日の艦砲射撃を受けたときの和田乙子さん（八二）の証言。彼女は当時、十五歳で大槌高等女学校一年。学徒動員で釜石製鉄所にいた。

——この日の正午すぎ、空襲警報が発令された。けたたましいサイレンに騒然とした。たちまち避難命令でトンネルに避難した。艦砲射撃のものすごい音は、トンネル内にも響く。やがて、「外へ出ろ」と言われて出てみたら、どこも火の海だった。

道端には死人が横たわっていた。製鉄所の構内から担架で運ばれてくる死人もいた。「歩くことも座ることもできない惨憺《さんたん》たるものでした」

やっとの思いで釜石駅にたどり着くと、駅前は地獄。汽車など走っているはずがない。橋を渡って帰ろうとしても、大渡橋がない。

そこで駒木まで歩き、そこから泣きながら山道を越えて、自宅のある鵜住居《うすまい》へ。とっぷりと日が暮れていた。家に着いたとたん、母は言った。

「お前たちは生きて帰るとは思っていなかった」

和田さんの目には大粒の涙が「どっ」と流れた。

＊戦争の残酷さ、平和の尊さを語り続けよう

戦後、和田さんは教壇に立った。請われて幼稚園や小・中学校などで戦争体験を語ってきた。戦争の話を聞いた児童・生徒たちから感想文が多く寄せられた。

「僕たち、私たちが大人になったとき、日本を戦争する国にはしない」等々。

子どもたちは純粋で正直で美しい。美しい心のまま大人になってほしいと和田さんは願う。しかし、戦争をしない国を誓った日本国憲法の九条をいま改悪する動きが出始めている。和田さんは書いている。

「何を馬鹿なことを考える政治家たちよ、あなたたちは戦争の苦しみを知ってるか、自分の息子たちを餓死させた悲しい経験もない人たちの政治だから九条を変えることなど平気なんだろう」(「花貌終刊に思う」二〇〇四年八月三十一日)

戦争の記憶が風化するにしたがって、戦後生まれの政治家を中心に植民地や侵略の歴史に、当時の日本を正当化しようとする声が目立つ。この風潮に対して、一人憤りを隠せない日々を送っている和田さんは、美しい心の子どもたちが再び銃を持つ戦争を絶対に許さないためにも、懸命に戦争の残酷さを語り、平和の尊さを語り続けているのだ。

*「艦砲射撃と津波だけは忘れません」

和田さんは四年前に手術してからはリハビリを続けていて、二〇一一年三月いっぱいで鵜住居の自宅に戻る予定だった。しかし、その矢先に津波が襲ってきた。

「あの艦砲射撃と今回の津波だけは忘れません。あの世に行っても頭から離れないでしょう」

和田さんはそう言って涙ぐんだ。六十七年前、海の向こうから爆音を轟《とどろ》かせながら釜石に向かってきた艦砲射撃と重なって見えたのだろう。

和田さんは現在、釜石市甲子町の有料老人ホームに住んでいるが、鵜住居の自宅を見に帰れたのは津波から百日後だった。家も実家も故郷の町並みも押し流されていた。

「実は艦砲射撃を受けたあとの釜石の中心街は一面、焼け野原でしたが、いくらか建物は残っていました。しかし、今回の津波で私の住んでいる村は何一つ残っていません」

艦砲射撃と津波――。同じ悲劇といっても、そもそもの原因が異なる。津波は避けようがなかったにしても、戦争がもたらした艦砲射撃は避けることができたかもしれない。

＊寺の境内に遺体が次々と

市中心部の町内会長を務める菊池新之助さん（七五）の証言。当時、国民学校一年だった。菊池さんは震災のあと、避難所で次々と運び込まれる遺体の身元確認に追われながら、艦砲射撃の「あの日」の光景を思い返していた。

父は海軍に出征。長兄は学徒動員で花巻の軍需工場で働いていた。三兄は学童疎開。その日（一九四五年七月十四日）、沖に浮かぶ軍艦から砲弾が間断なく飛んできた。新之助さんは次兄と姉と弟、母親の五人で防空壕に避難し、やがて近くの山に逃げた。

「あまりの恐怖心で一晩、泣き崩れて、そのうち寝てしまいました」

夜が明けたら、あちこちに火の粉が舞っていた。そんななか、寺の境内に毎日のようにトラックで遺体が運び込まれ、焼かれていくのをじっと眺めた。首や手足のない遺体もあった。まさに阿鼻叫喚地獄。さらに話を続ける。

「あのときはたしか三日も四日も燃えていましたよ」

消防隊員はいない。男性は戦地に征《い》っていて、残っているのは女性や高齢者、子ども、障害者たちだけ。消す人がいない。いや、消すことより、人命を助けることに精一杯だったと思われる。

当時の釜石は全国の中小都市がそうであったように、九〇％が木造建築。そのうえ、消防隊はまったく機能していなかった。木造家屋は消火活動をしない限り、全部燃え尽きるまで燃え続けるのだから、菊池さんの言うように何日も燃え続けていたのだろう。

「焼け跡は足の踏み場もありません。惨憺たるありさまに、ただ唖然《あぜん》とするばかりでした。工場内は全地域にわたり壊滅的な被害を受け、まさに復旧不能の様相を呈していました」

今回の震災も似たり寄ったり。電気もガスも電話も水道もストップ。「鉄の町」は「地獄絵」と化してしまった。政治の世界では足の引っ張り合いで、何も進まないなかで町は大崩壊した。

交通網も生活基盤も、学校も病院も、職場も地域も、人々の笑顔も語らいも一瞬の間に崩れ去った。それはまさに艦砲射撃でやられた釜石の焼け野原とまったく同じ情景だった。

菊池さんも今回の震災で自宅を流され、蔵にあった郷土史の資料を失った。救われたのは、菊池さんが集めた艦砲射撃の記録や砲弾の破片、聞き取り調査の記録……などが残ったこと。

菊池さんは私を被災地へ案内してくれた。釜石大観音の前に二人の人影があった。老人のようだった。

老人はじっと釜石湾を見つめていた。湾は残酷なほど穏やかだった。

二人の老人は何を見、何を考えているのだろう。その姿は誰かと対話しているようだった。似たような光景を、私は何度も目撃した。石巻や女川で、また同じ釜石市の唐丹《とうに》で、ただ黙然として海と向き合っていた。その相手が誰なのかはわからない。だが、私はそれを知りたくて、津波被災地を歩いた。

＊戦争体験集の原稿も流された

震災のあった二〇一一年には三冊目の戦争体験集を出すはずだった。釜石市の市平和委員会会長であり、釜石・東日本大震災を記録する会代表の前川慧一さん（七六）は二〇〇九年から毎年『戦争体験集・私の八月十五日』を出版してきた。しかし、津波で鵜住居にある自宅は全壊。編集を進めてきた原稿も流された。

コンクリートの土台だけを残した廃墟、がれきが積み重なる風景……。前川さんの目には終戦後、朝鮮半島から引き揚げる途中で見た広島と東京の焼け野原が重なった。

「釜石は戦災と震災の町です。明治二十九年の三陸沖大地震から含めますと、戦災と震災で一万人以上が死んでいます」

連合国軍艦隊の艦砲射撃で千人以上の死者と多くの負傷者を出した悲劇の記録を途絶えさせるわけにはいかない。また大震災の悲劇も伝えていかなければならない――。

市民が戦争体験を語り合う平和集会を開いた。そこで出会った人や、原稿を寄せてくれた人を訪ね歩き、あらためて原稿を依頼した。

弟の一人をパプアニューギニアで、もう一人を釜石の艦砲射撃で失った九十一歳の男性は、津波で亡くなった。その老人は前川さんに体験を語ってくれたが、そのときの録音テープも流失した。

「ここまで生き延びてきたのに、さぞ、無念だっただろうね」

震災後、全国から多くのボランティアが集まってきた。黙々とがれきを片付ける若者の姿を見て、前川さんは人間の絆の尊さと日本人の誇りを、悲劇のなかに見いだしたという。

前川さんは現在、仮設住宅に身を寄せながら、戦争と津波体験の聞き取りを進めている。

二〇一二年の三月十一日に津波体験集、八月十五日に戦争体験集を発行した。

II　徹底した防災教育

＊船での地震観測は初めて

「ガツン」

三月十一日午後二時四十六分。東京大学名誉教授の瀬川爾朗《じろう》さん（七六）は東京海洋大学の実習船に乗って、東京湾を南北に往復していた。ところが、船を勝どき埠頭に接岸しようとした矢先、何かに勢い良くぶつかる音がした。そのとき、突然、船長が飛び出してきて叫んだ。

「大地震だ」

一瞬、乗組員全員が呆然と立ちすくんだ。それから五秒ほどして、今度は岸壁にある鉄筋のビルやアンテナが猛烈に揺れた。

瀬川さんの専門は固体地球物理学、海洋測地学。水中での船による地震観測は二十代のころ、東京大学でやっていた研究だった。米国などでも同様の試みがなされていたが、うまくいかない。しかし、昔から帆船に乗った海賊たちが、しばしば船内で地震を体験していることを耳にしていた。

「私にとって船で地震を観測することは、３・11が生まれて初めてだったのです。正直、心の片隅で嬉しいと叫びたい思いでした」

瀬川さんの父は僧職にありながら、東京大学で中国哲学を教えていた。ところが、大正十二年の関東大震災のために東京を離れ、実家のある盛岡に住み、やがて釜石のお寺の住職になる。子どもは十二人。戦時の国策は「産めよ、殖やせよ」。瀬川さんは五番目で高校まで釜石にいた。

瀬川さんが釜石を離れたのは、昭和三十年（十八歳のとき）、東大入学のために上京したときだから、大震災のときはすでに五十六年の歳月がすぎていた。父母は現在、世になく、実家の寺を継いだ長兄も二年前、八十四歳で亡くなった。

今回の大震災で同級生数人が亡くなった。瀬川さんは３・11から約一カ月後、バスで釜石に帰ったが、昔遊んだ海岸は一変していた。ただ印象に残ったのは、先代の住職・瀬川晴朗氏が心血を注いで築き上げた標高五十メートルの白衣の釜石大観音が毅然《きぜん》としていたことだった。

＊町は焦土と化した

瀬川さんは九歳のとき、大震災に匹敵する修羅場を経験していた。終戦直前の昭和二十年。釜石は米英軍の艦砲射撃によって、町は焦土と化した。瀬川さんも艦載機の機銃掃射に遭ったが、寺の山に逃げて危うく助かった。

戦災と震災――。二つを並べると、理由は異なるけれども結果は同じように見える。前者は人間の心の予測できない現象であり、後者は天然の予測できない現象だ。言い換えれば、人間の心と自然の天は結局、同じではないかと瀬川さんは思う。

＊地震予知の敗北

瀬川さんの海底研究は地殻変動や地震予知にも通じる。なぜ、地震予知ができないのか。

「生き物の生と死が予知できないことと同じだと思えばよいのではないのか」

最近、日本地震学会会長は「東日本大震災の予報は大きく間違えた」と陳謝した。地震時の気象庁の発表はマグニチュード8・8としたが、その後、かなり時間が経過してからマグニチュード9・0と言い出した。このとき、すでに物事は終わっていたのである。また、それに伴う予測の数十倍の規模の揺れと地殻変動に対しても何らの示唆を与えなかった。地震予知の敗北といっていいだろう。

地震予知研究者のなかには、「研究費を確保するために予知の名前を出しているけれども、実際には他のことに流用している」と公言している研究者もいるという。地震予知に名を借りたニセ学者といってよい。

地震はいつくるかわからない。「そのとき」に備えて、瀬川さんは釜石市民にこう呼びかけている。

「いままで住んでいたところより十五メートル以上高いところへ住居を建てて住もう。海事作業の場と住居を完全に分離しよう」

瀬川さんは在京岩手県人連合会会長を務めているが、六月五日の「第三十七回岩手県人の集い」で義援金として五百万円を達増拓也県知事に渡した。

＊語り継ぐ戦争の記憶

米人ジャーナリストのチャールズ・ミーは釜石艦砲射撃についてこう綴《つづ》っている。
「昨日は釜石の日本製鉄を艦砲射撃し、破壊した。艦載機は本州、北海道上空を飛びまわり、日本機二十五機を破壊、六十二機に損害を与えた。一機以外は全部、地上にいるところを攻撃した」（『ポツダム会談』徳間書店）
「ドシン、ドシン」。歌人・斎藤茂吉は郷里の山形に疎開していたが、釜石の艦砲射撃の音を聞いている。茂吉はそのときの様子をこう歌っている。

海上にありて打ちたる砲の音蔵王をこえてひびきてきたる
つづけざまに窓にひびきて陸中の釜石を射つ艦砲射撃
（加藤淑子『斎藤茂吉の一五年戦争』みすず書房）

この艦砲射撃によって受けた心の傷が、いまも心の片隅に残っている人は少なくない。元釜石市職員の山崎太美男さん（七四）もその一人。彼は当時、国民学校一年で八歳。艦砲射撃から逃げまどった記憶が残っている。

父は二十九歳のとき、沖縄で戦死した。長男の山崎さんは葬式の喪主を務めた。

「その晩、流れ星を見ながら泣きました。戦争って、憎いな、と子どもながらに思いました」

山崎さんは今回の津波でかろうじて助かった。妻と叔母の二人を車に乗せて歯科医院へ。治療中、「ドカーン」。いままで経験したことのない揺れに、「大きな津波がくるぞ」と直感。すぐ、歯科医院を飛び出したが、まもなく車の渋滞に巻き込まれ、身動きできない。

〝津波がきたら、どうしよう？〟

と思った瞬間、前の車がちょっと動いたので、車列から抜け出して助かった。しかし、両石の自宅は全壊した。戦争を経験した人たちも多く犠牲になった。

二度目の艦砲射撃のあった八月九日。釜石市は毎年、「戦没者追悼式」を行っているが、戦没者遺族連合会の鈴木賢一会長も津波に呑まれた。二〇一一年の追悼式では会長代行の山崎さんが遺族を代表して「追悼の言葉」を述べた。参列者は百五十人ほど。例年の半分だった。

「戦争を知らない若い世代に、戦争の記憶を風化させることがないよう、戦争の悲惨さと平和の尊さを語り伝えていきたい」

さらに続ける。

「前代未聞の大津波が一瞬にして町を破壊し、一千数百名の尊い命が奪われました。このなかには戦没者遺族も何人か含まれています」

山崎さんは「戦災と震災」を後世に伝えていきたいと願う。

＊防災教育で児童・生徒無事

地震がきたら必ず津波がくる。そのためには高いほうへ逃げる。これは釜石で暮らす人たちの常識だ。大人も子どもも、そのことはよく知っている。

私は大津波に村ごと呑み込まれた鵜住居地区を見て回った。ここでもまた言葉を失った。小・中学校が津波で完全に破壊され、周辺はがれきの山となっていた。爪痕を見て、津波の恐ろしさをあらためて思い知らされた。

しかし、地震時、小・中学校にいた児童・生徒たちはどうしていたのか。「高いほうへ逃げるのは常識」という教訓は児童・生徒たちにも生かされていた。

鵜住居小学校（三百六十一人）と釜石東中学校（二百二十二人）の児童・生徒のほぼ全員が無事に逃げ延びたのである。いわゆる「釜石の奇跡」といわれる避難はどのようにして行われたのか。

大槌湾から約八百メートルの鵜住居小学校では地震直後、校舎三階に避難。しかし、隣接する釜石東中学校の生徒たちは校庭に駆け出した。「津波だ！　逃げるぞ！」。これを見た小学校の児童たちは日ごろの同中学校との合同訓練を思い出し、中学生の後を追って約八百メートル後方にあるグループホームに避難した。

しかし、建物の脇の崖が崩れていることに気づく。危険を感じて児童・生徒はさらに約五百メートル先の高台にある介護福祉施設へ。その約三十秒後、グループホームは津波に呑まれた。こうして児童・生徒たちは全員、生き延びたのである。

＊海と共存、「逃げる」を文化に

釜石市教委は平成十七年（二〇〇五）から群馬大学大学院災害社会工学研究室の片田敏孝教授らとともに防災教育に取り組んできた。登下校時の避難計画も立てた。津波の脅威

防災教育で「釜石の奇跡」を生んだ鵜住居小学校と釜石東中学校（釜石市）

を学ぶための授業も増やし、年間五〜十数時間をあてた。そして「避難三原則」をたたき込んだ。

原則その一「想定にとらわれるな！」

原則その二「最善を尽くせ！」

原則その三「率先避難者たれ！」

今回の大津波で児童・生徒が無事だったのは、校舎三階から校庭に駆け出して高台に向かったこと。中学生が率先して避難者となり、小学生を導いたこと。「釜石の奇跡」を生んだのは、防災教育が徹底されていたからだろう。

片田教授は述べている。

「地域や自然に誇りを持ちながらも、いざという時には率先して逃げる。このことを海と共存して生きる者の作法として文化にまで高めてほしい」

（『復興釜石新聞』二〇一二年七月二十七日付）

＊異様なにおい

戦災と震災で問題になるのが衛生面である。釜石市内を車で走っていると、がれきが撤去されずに放置されている光景を目にする。同時に、生ごみの腐ったようなにおいが風に乗って流れてくる。思わず息を止めるほどの強い臭気だ。

釜石漁港に向かった。近くを自転車を引っ張って散策している男性がいた。この近くには親戚が住んでおり、亡くなった人も多いという。

「このあたりは気温が高くなると、蠅《はえ》がすごい。においもすごい。海から上がったヘドロもすごい」

〝すごい、すごい〟と連発するほど、においには困っているのだ。

『日本の空襲1　北海道・東北編』（三省堂）によると、戦時中もひどかったらしい。足掛け二十年の新聞記者生活をやめて釜石市役所に入った男がいる。3・10東京大空襲に遭い、住居を失って釜石に帰ってきた男だ。彼の名は沢口金一郎という。

釜石にきて二カ月そこそこで、あの轟然《ごうぜん》たる砲声に見舞われた。彼の担当は釜石市役所の厚生課で、犠牲者の死骸を処理する役目だった。しかし、暑い盛りのこと。死体からはウジがウヨウヨわく始末。彼は、かつて職務柄、種々雑多な変死人に接したり、また従軍記者時代、戦死者の屍を乗り越えて将兵と行動をともにし、火葬も手伝った経験があったので、死体処理は務まったのだろう。しかし、ウジにはほどほど手をやいたという。

作家の野間宏に、中国やフィリピンを転戦したときの歌がある。「夜は蚊ぜめの地獄昼は蝿ぜめの地獄地獄地獄地獄」（詩集『星座の痛み』河出書房）と。津波で冷蔵施設から流れ出た魚などを発生源に大量の蚊や蝿が東北の被災者を悩ませている。

これはがれき処理が遅々として進んでいないためだ。それは菅直人内閣の緊急事態における指導力の低さと復興政策の場当たり性にある。緊急のときは情報を一点に集約すべきなのに、菅総理は○○会議なるものを二十ほどつくった。初動対応の失敗だ。

村山富市内閣の「阪神・淡路大震災」のときでさえ震災から一カ月後には「阪神・淡路復興委員会」を発足させ、官房長官経験者や国土庁元次官ら強力メンバーを入れた。しかし、菅内閣の「復興構想会議」のメンバーは政治学者や哲学者、作家などで実務経験者はほとんどいない。また震災担当大臣を決めたと思ったら、すぐに辞任に追い込まれた。実際に動き出したのは四カ月後である。甚だしい対応のスピード不足であった。

＊郷土史家も津波で逝った

古里の戦災をいまに伝えた郷土史研究家も今回の津波で逝った。釜石の中心街・大町に住んでいた昆勇郎さんである。彼は生きていれば八十三歳であった。

私は震災前、数回、釜石を訪ねている。「鉄の町」釜石と「艦砲射撃で焼失した」釜石を取材するためだった。私は昆さんに原稿を頼んだことがある。内容は戦災ではなく、わが国で初めて洋式高炉を建設し、出銑に成功した「鉄の釜石」だったと思う。

二〇一一年三月十一日午後二時四十六分、激しく揺れた。そのとき、私は東京・立川の西砂学習館にいた。これまで経験したことのない大きな揺れを感じた。揺れはかなり長時間続いただろうか？

夕方、自宅に帰り、テレビのスイッチを入れると、津波が釜石の町を呑み込んでいる映像が流れていた。防波堤にぶつかる白い波しぶき。それを乗りこえて、家々が流されていく。その瞬間、私は昆さんを思い出した。

固定電話でダイヤルした。しかし、つながらない。携帯電話もまったく用をなさない。

次の日も、また次の日も。

〝彼は、どうしているだろう〟

私は毎日、朝日新聞の記事を食い入るように見ていた。

〝えっ！〟

私は声を失った。「亡くなられた方々」の欄に彼の名前が妻・キミさんとともに載っているではないか。

昆さんは釜石を襲った艦砲射撃の研究に心血を注いでいた。十年ほど前に会ったときも、彼は私に自身の戦災体験と艦砲射撃について熱心に話してくれた。

終戦時十八歳であった昆さんは勤労動員先の滋賀県の工場から里帰りする。待っていたのは、弟・成忠さん（当時十四歳）の訃報と、焦土と化した古里だった。八月九日の二回目の艦砲射撃では自らも被災した。

釜石市職員だった彼は国会図書館などで郷土の記録を追い求めた。退職後は艦砲射撃に加え、鉄産業や漁業など郷土史全般を追求していた（『毎日新聞』（二〇一一年五月六日付）。

＊歴史は現代の警策にして未来の指針なり

昆さんが生前に語っていた言葉を私は思い出した。

「戦争とは別れと死、それ以外に何もない」

昆さんのノートにこう記されていた。「死者七百五十六人。砲弾五千三百四十六発」——。

彼は砲弾の破片や貴重な資料を展示する戦災資料館の開設にも傾注した。八年に及ぶ陳情の末、二〇一〇年の夏、オープンした。しかし、海岸からわずか百メートルにあった、その資料館も津波で流された。

そこから西約五百メートルにある三階建ての昆さん宅にも津波が襲い、健康を害して車椅子で一階にいた昆さんは帰らぬ人となった。しかし、一階にあった資料は流されたが、数百冊もの資料の大半は三階にあり、被災を免れた。

二〇一二年五月十六日。私は菊池新之助さんの案内で釜石を取材して回った。昆さんの家の前も通った。崩壊を免れた三階の看板に横書きで、こう書いてあった。

「歴史は過去の囈語《げいご》（ぼやきの意）に非ず　現代の警策にして未来の指針なり」

戦災資料はふるさとに刻まれた歴史の貴重な証言だ。昆さんの遺族・昆秀光さん（五七）＝岩手県紫波町在住＝は「未来のため郷土の財産にしてほしい」と言って、その資料を市に寄贈した。

＊「高炉再開」三年後に火入れ

「高炉に火が入ったときはうれしかったね。これで釜石は生きていける、と社員だけでなく、釜石市民もそう思ったんではないですか」

国内最古の製鉄所を擁し、「鉄の都」と呼ばれた釜石。新張《にいばり》好光さん（八九）はその釜石の戦災復興に思いを巡らせながら、こう語った。

新張さんは一九四四年に徴兵され、盛岡の戦車部隊に所属した。米軍上陸に備えた本土防衛の要員だった。

仙台と福島県境の練兵場で、敵の戦車の上陸地点に人間一人が入れるほどの穴を掘り、小型爆弾を抱えてその穴に隠れ、敵戦車に体当たりする訓練を毎日やった。いわゆる、「タコツボ戦法」である。

海上なら特攻艦、空中なら特攻機。いずれも人間が爆弾を抱えて体当たりする捨石作戦だ。もちろん、兵隊の命は敵戦車とともに消える。この練兵場で7・10仙台空襲を見た。「ピカッ、ピカッ」。B29は上空を青い光を放って飛んでいた。仙台の空は真っ赤に燃えていた。

終戦間近に、釜石は二度の艦砲射撃で千人以上の死者を出した。新張さんは戦後二カ月で帰郷を許された。釜石駅のホームに降り立つと、町は消え、一望千里。製鉄所の建物は壊滅的に破壊され、赤く錆びた鉄骨は累々《るいるい》と横たわっていた。釜石駅前名物の製鋼工場の大煙突も五本のうち二本が倒れていた。

両親と四人の弟や妹は無事だったが、砲弾が直撃した自宅は跡形もなかった。もう、だめだと思った。多くの同僚も釜石を去っていった。漁師になる人もいた。しかし、自分には行く当てがない。

「高炉再開しか生きる道はない」

そのとき、二十二歳。十五歳で日本製鉄（現新日本製鉄）釜石製鉄所に入った新張さんは一九四六年一月、戦争を終えて元の職場に戻ってきた約三千五百人の従業員と再開を誓った。職場は「鍛冶工場」。製鉄所で使う部品や道具をつくるところだった。

製鉄所にはがれきが残っていた。その処理からスタートした。動力、電気、モーター、機械設備、照明……。破壊された一つ一つを整備していった。その復興作業は多大な困難を伴った。

しかし、終戦後の資材や衣食住の欠乏、空腹に耐えながら、少しでも復興作業を進める以外なかった。鍛冶工場で使用する石炭も鋼材もなく、製鉄所内のスクラップ置き場や燃料置き場から利用できる物を探し出し、創意工夫しながら作業を進めた。熱した鉄を挟むハサミ、鉱石を入れる容器、機械のギア……。その一つ一つを見るたびに、高炉再開が近づく気がした。

一九四八年五月十五日。ＧＨＱ（連合国軍最高司令官総司令部）に許され、高炉に再び火が灯された。火入れ式で自分のつくった容器で鉱石が運ばれてきたとき、仲間と抱き合い、思わず涙がこぼれた。

この日は、これで食べていけるという安心感からか町中、喜びに包まれた。小学生は小旗を手に、少年隊は太鼓を叩き、新張さんはブラスバンドの一員としてチューバを吹きながらバラックの町をパレードした。夕方には市民の提灯パレードで高炉再開を祝った。

市民の手によって設置された復興のシンボル「鎮魂の鐘」（釜石市）

その五年後に職場結婚し、翌年に長男・英明さん（五八）が生まれた。英明さんは大震災のとき、市の総合政策課長（現会計課長）として陣頭指揮を執った。

復興計画は遅々として進んでいない。これから何を目指せばよいのか。英明さんは言う。

「釜石は戦後、復興に力を入れて山を切り開いてきた町です。限られた空間にいかに安全を確保して生きていくかが課題です」

復興計画を推進する立場の英明さんの模索は続く。それでも二〇一一年末、ＪＲ釜石駅前に復興のシンボルとして「鎮魂の鐘」が市民の手で設置されたことはうれしい。四方には「復興」「鎮魂」「記憶」「希望」の文字。その思いを乗せた鐘の音は町に響いている。

＊釜石最後の現役芸者「負けていられないねえ」

「釜石は三度の津波や戦時中の艦砲射撃も経験したけど、こんな恐ろしい思いは初めてです」

釜石の最後の現役芸者として七十年以上、町の盛衰を見つめ続けてきた伊藤艶子《つやこ》さん（八六、芸名・藤間千雅乃）は、そう振り返った。地震が起きたのは、お座敷に向かうため釜石市中心部の自宅で白足袋を履いていたときだった。慌てて飛び出すと、近所の男性が避難場所の体育館までおぶってくれた。今回の津波で自宅は流されたが、間一髪、助かった。しかし、客や友人を大勢失った。

十二歳で踊りを習い始め、「釜石の奥座敷」と呼ばれる老舗料亭「幸楼」で修業した伊藤さん。芸に生きた人生の集大成として、米寿で引退披露するのが夢だった。しかし、着物も三味線もがれきに埋もれてしまった。

「でも、負けていられないねえ」

伊藤さんは仮設住宅で何度もそう繰り返した。

＊四度、奇跡の復興はあるか？

いたるところにあるがれきの山。処分の当てもないこの現実に多くの人々は嘆く。米国を代表する日本近代史の研究家ジョン・ダワー氏はその著『敗北を抱きしめて』（岩波書店）のなかで、戦災から復興する日本の歴史を描いた。「現実の複雑さをあきらめるな」と。

私は取材を終えた最後の夜、ＪＲ釜石駅近くに仮設店舗として再開した「呑《の》ん兵衛《べえ》横丁」へ寄った。二〇一二年五月十七日午後六時。十五店、並んでいた。「なでしこジャパン」の「撫子《なでしこ》」というのれんに魅せられてなかへ入った。

「横丁」の起源は江戸時代、織田信長によって開かれた楽市楽座かららしい。釜石の「横丁」は一九五八年ごろ、製鉄所沿いの水路にふたをして建坪約三坪の店を三十五並べた。作家・井上ひさしさんの母マスさんの店もあった。震災前は二十四店が営業していたという（『朝日新聞』二〇一一年十二月二十四日付）。

「このままで終わるのは悔しいね。また再開したいね」

店を失った女店主のうち五十〜七十代の十数人が再開を希望した。しかし、問題は懐具合の苦しさ。出店資金を借りられても返せない。そんな心配が皆にあった。そこへ支援の手が全国各地から差し伸べられた。

釜石の「呑ん兵衛」と東京・渋谷の「のんべい」。ともに戦後の屋台町から始まった二つの横丁を結びつけたのは、東日本大震災だった。昭和の佇《たたず》まい——「人情」「うまさ」「安さ」はいまも変わらず受け継がれている。

「人恋しさが横丁の素晴らしいところ。それを津波で奪われたことは、本当に悔しいだろう」

渋谷の「のんべい横丁」全三十九店が義援金約八十万円を贈った。滋賀県から信楽焼の食器、九州からの割り箸……。支援が相次いだ。

「ようやくここまできました。支えてくれた人たちへの感謝は決して忘れません」

「撫子」の女店主はこう言って、イカの一夜干しや焼き鳥など自慢料理をつくってくれた。戦後、焼け野原にバラックを建てて営業を始めた。同じように津波で流された横丁も再開を始めた。

小さな店舗が寄り添うように軒を連ねた横丁で、客は見知らぬ他人と肩を触れ合わせていた。「横丁」は戦後の日本復興のシンボルだ。

「四度、死んだ町に奇跡の復興はあるのか?」――。戦後、絶望的な破壊の跡からわれわれ日本人は道路や住宅、鉄道などあらゆるインフラをつくり直し、「復興」を成し遂げたではないか。潤った大地からやがて芽が吹き、実りを迎えるときは必ずくる。復活の日は遠くて近いと信じたい。

第五章

郡山空襲と福島第一原発

Ⅰ「大本営」の虚偽・誇大報道

＊原町女学生に学徒動員の命令

「戦争中のことは絶対に忘れることのできない思い出として、胸の奥にしっかりと焼きついて残されています」

昭和二十年（一九四五）四月十二日、原町女学校の第十七回期生だった日高美奈子さんは、百二十人の学徒動員の女学生たちとともに日東紡績富久山工場で働いていた。彼女は昭和四年（一九二九）十二月生まれで、現在八十二歳。

防空頭巾と救急袋を肩に、麻袋の前掛けをかけ、支給された制服と地下足袋で毎日、軍歌や愛唱歌を歌いながら、耐火レンガの原料を一輪車で運んだり、成型されたレンガを窯《かま》のなかに積んだり出したりしながら、汗と油と埃にまみれて働いていた。

――その日の空は青く、よく晴れていた。正午近くだった。食事前の手洗いのとき、突然の空襲警報に空を見上げると、キラキラに輝いていたB29が十機編隊で工場の中心部に爆弾を落とし始めたのである。あたりは一瞬にして暗くなり、悲鳴が上がった。

「怖くて防空壕に入りましたが、防空壕も爆風で崩れそうになったので、工場の外へ逃げました。しかし、どこまで逃げても爆弾に追いかけられ、爆風に倒され、生きた心地がしませんでした」

逃げる途中、けがをして助けを求める人、手足が吹き飛んで死んでいる人、黒焦げになっている人たちがいた。田んぼは穴だらけだった。東北本線の線路は折れ曲がり、まさに地獄絵と化していた。

その日の夜、工場へ戻ると、工場は見るも無残に破壊され、聖堂には何十体もの死体が安置されていた。倉庫は赤々と燃えていた。

「悪夢の一夜を不安で過ごした私の目の前に、思いがけない父の顔……もしも生きていたらと父が持ってきた母の心づくしのおむすびを、友人たちと分けあい食べた、あの時の味は今も心の片隅に残っています」（会報誌『九条はらまち』No．131）

その父もいまは遠くへ旅立ち、歳月の流れはあの過酷な戦争をも記憶のなかに埋め込み、忘れ去らせようとしている。しかし、戦争体験者として、この記憶を次世代に伝えていかなければ、と日高さんは思う。

＊放射能汚染に見舞われ、避難先を転々と

空襲に襲われた「悪夢」から六十六年後の二〇一一年三月十一日。今度は地震と津波と

原発事故に襲われる。南相馬市原町区橋本に住んでいる日高さんは津波被害に遭わなかったが、原発事故による放射能汚染に見舞われた。福島第一原発から二十キロ圏内。事故の翌日、緊急時避難区域に指定された。

「四年前に主人が事故で亡くなり、私は一人暮らし。避難生活を余儀なくされ、会津若松から茨城県石岡市、東京・国分寺市へ転々としました。親戚の家とはいえ、そう長くもおれませんし、本当に困りました」

故郷を失うとは何を意味するのか。住み慣れた土地を失うだけではない。隣近所とのコミュニケーションを失い、対話がなくなることを意味する。

「畑があるのに、自分が食べていける作物もつくれないなんて、悲しいです。洗濯物も外では干せません。放射能を浴びるからといって、庭木も切りました。本当に落ち込んでしまいます」

落ち込むのが当然で、落ち込まないほうがおかしい。大地にしっかりと根を張って生きてきた日高さんにとって、食べる作物をつくれないのだから、これほど苦しいことはないだろう。しかし、私は日高さんの話す一言一言に、絶望の果てにも人間が人間らしく生きようとする姿のなかに「希望」を見る思いだった。

絶望をくぐり抜けた「希望」は、どんな言葉よりも重く、われわれの心に響く。日高さんはそれを私に教えてくれた。いや、日高さんだけではない。福島で出会った多くの人々に、「希望」を与えてもらった。

文集『学徒動員から40年――郡山空襲の思い出』

「いまから七十年前。自然を友に川で魚をとったり、水泳ぎをしたり、草や木の実で遊び道具をつくり追いかけっこしていた」――。

日高さんと同じ学校の同級生であった阿部信子さん（八四）は、二度と同じ過ちを子や孫に繰り返させないためにつくった文集『学徒動員から40年―郡山空襲の思い出』にこう綴《つづ》っている。さらに続ける。

「青春時代の真っ只中であった私たちは、昭和十七年四月、原町高等女学校に入学するや、戦争のため学校の授業をつぶし勉強どころではなく、出征兵士の農家の田植えや稲刈り、麦刈り、塩作りなど何でもやりました」

戦時中、女性を動員した最たるものの一つは軍需工場への動員だった。太平洋戦争開始直前の昭和十六年（一九四一）十一月二十二日、十四歳以上二十五歳未満の未婚の女子に年間三十日以内の勤労奉仕活動を義務付ける「国民勤労報国協力令」が公布された。

その協力令に基づいて昭和十九年一月十九日、十四歳から二十五歳までの未婚女性を軍需工場に動員した。しかし、勤労から逃げる女性に対して、東條英機首相は「婦道に恥じよ」と叱責した。そのために女学校の学生は一人残らず、学業を捨てて勤労に参加することになったのである。

敗戦時、徴用された女子の動員は四十七万二千人、その他の女性労働者は三百十三万人に達したという（若桑みどり『戦争がつくる女性像』筑摩書房）。

さらに阿部さんは文集に綴っている。

「とうとう私たち現役の在学生にも学徒動員が敷かれ、昭和十九年（一九四四）十月、郡山の日東紡績富久山工場に行くことになりました。工場の寮に入った私たちは、十二、三人ずつ部屋割りと職場の割振りをしてもらい、せんべい布団に身を休めました」

阿部さんの職場はロックウール（岩綿）を仕上げるところ。板にしたロックに寒冷糊で貼り付け、乾燥室で乾かし、防音用に使用するというもの。

当時、日東紡績富久山工場の労働力不足は深刻だった。それを補うために阿部さんら女学生は一人残らず軍需工場に動員されたのである。もちろん、これは志願ではなく、国家権力によって駆り出された国策だった。

無垢な魂を戦争へと駆り立てた東條英機をはじめとする政治・軍事指導者たち。未来を担う若者たちにむけては硬直した皇国論と精神論を繰り返した。その傲慢《ごうまん》で威圧的な言動は若者たちの心をむしばんだ。

昭和十七年、「欲しがりません　勝つまでは」という標語が生まれた。この標語は大政翼賛会と在京新聞社三社が主催して募集したものだが、実際は国がかかわっていたもの。国家の強制である。

さて、阿部さんの空襲体験から。

「ドシーン」。空襲警報が鳴ると同時に、爆弾の雨あられ。阿部さんは慌てて防空壕に入った。

「ドシーン、ドシーン」

たちまち防空壕は崩れ落ち、下敷きとなった。やっとの思いではい上がってみると、工場は火の海。まわりには血だらけの人が泥まみれでうめき声を上げていた。焼け残った寮では、会津若松の耶麻女学校の犠牲者の通夜が行われていた。

四月十二日の郡山空襲は県内最大の被害だった。保土谷化学二百四人、日東紡績富久山工場九十二人、横塚二十二人、方八町三十人を中心に計四百六十人が爆死した。

＊戦中の報道統制

福島で最大の被害を出した郡山空襲について、当時の新聞はどう報じていたのか。私は福島県立図書館へ行って調べた。当時の新聞は二ページのタブロイド判。空襲については一面の左下、小さな扱い。「昨朝B29約百五十機　帝都郡山に来襲　低辺行動、工場地帯狙う」という見出しで、記事は三十行ほど。中身はまったくの無味乾燥の記事である（『朝日新聞』一九四五年四月十三日付）。

いかに、戦中の報道統制がすさまじいものであったかがわかるだろう。それは郡山空襲に限らず、全国の空襲についても同様の報道統制だった。

たとえば、作家・高見順の『敗戦日記』（文春文庫）。これは東京大空襲についての記述である。

「昨夜の爆撃に関する大本営発表をラジオで聞く、被害の詳細がわからず不安」（一九四五年三月十日）

「大本営発表」は華々しい戦果を喧伝《けんでん》する。しかし被害がどのくらいあったかは一切、発表しない。そして市民がいくら焼死し、爆死しようと知らぬ顔。これが空襲下の日本政府の一貫した態度だったのである。

「大本営発表」の虚偽や誇大報道は国民の知る権利を愚弄《ぐろう》し続けた。保阪正康『仮説の昭和史・下』（毎日新聞社）によると、三年八カ月近く続いた太平洋戦争で「大本営発表」は八百四十六回行われた。一カ月平均にすると十九回になる。しかし、その内容は真実からほど遠く、虚言、言い換え、偽善を繰り返したという。

本来、連合軍との戦争によって軍事的にどうなっているのかを国民に知らせるべきなのに、それがことごとく虚偽、誇大となれば、国民の知る権利はどうなるのか。

「大本営発表」は国民にとっては、戦況を知る唯一の手段。それを日本の指導者が意図的に虚偽の情報を与えたとすれば、その責任は厳しく問われなければならない。しかし、この国ではまったく問われたことはない。

戦況が悪くなると、表現を言い換える。たとえば、アメリカ軍の猛攻撃に対して日本軍が「撤退」したにもかかわらず、「転進」と称したように。それでも現実をかばいきれなくなると、公然と「ウソ」をつく。

この構図は戦後社会においても温存されたといってよい。福島第一原発事故に伴う政府や東電の情報開示の操作は、大本営発表が抱えていた「国民の生命と財産を守る」よりも、「政」と「官」の面子を守ることに似ている。

＊避難対策に生かせなかった「SPEEDI」

私は阿部さんに原発事故について聞いた。阿部さんの住まいは南相馬市原町区雫。福島第一原発から二十キロ圏内だ。

「おかげさまで、津波被害はなかったのですが、一番の被害は原発事故です。政府の指示に従って避難したにもかかわらず、避難先は放射線量が高かったじゃないですか。政府を信じていたのに、これでは誰を信じていいかわかりません」

政府は漏れた放射性物質の量をコンピューターで地図に表示する「SPEEDI（スピーディ）」（緊急時迅速放射能影響予測システム）を装備していた。しかし、政府は大量の放射性物質が放出された三月十五日、その多くが北西方面に流れるとの予測をつかみながら、実際の避難対策に活かせなかった。

そのデータを発表したのは原発事故から十二日後だった。公開が遅れたのは、枝野幸男官房長官（当時）がしきりに言っていた「パニックを恐れたから」という。しかし、これは政府の欺瞞《ぎまん》である。何の情報も開示しなかったのは自分たちの権威を維持するためではなかったのか。

戦時中も日本政府は「人心の動揺を抑えるために」詳細な情報を一切、知らせず、差し迫ってから突然、退避命令を出した。しかも、その命令も怒号で、力ずくで。この情景は原発事故で見た情景とよく似ていないだろうか。

＊日本「帝国」と同じ体質

また、この非公開の国や東電の「ＳＰＥＥＤＩ」問題は、先の郡山空襲報道とそっくり。原発事故をめぐる政府対応は、依然として上意下達。「由《よ》らしむべし、知らしむべからず」という体質だ。しかし、情報を封殺しても問題自体は解決できないのに、事実をもみ消すのは日本「帝国」と同じ体質である。

避難指示で故郷を追われ、いつ帰れるかもわからず、家族ばらばらの危機に直面しているというのに、なぜ、同じ過ちを繰り返すのか。最前線の現場は戦前の日本兵も今回の福島第一原発の作業員も文字通り、決死の覚悟で戦い続けた。

しかし、最前線が抱える問題の深刻さを日本の指導者が正しく認識できず、「上」からの権威を振り回していただけではないのか。それが責任を曖昧《あいまい》化しているのだ。結局、原発事故の真相を公開しなかったことが、被曝《ひばく》者を増大させたのである。

原発事故から一年半が経過しても、いまだに避難者の数が福島だけでも十五万人に上っているのは、リーダーの不在であり、日本の組織の病巣が昔もいまも変わっていないからなのだろう。

＊動員女学生を引率した教師の証言

再び、郡山空襲について。

原町高等女学校三年生、百二十人の動員生徒を引率した先生の一人、鈴木千代子さんも会報誌『九条はらまち』（No．63）に書いている。当時、彼女は二十五歳。少し長いが要点を引用する。

――「昭和十九年十月、原町高等女学校三年生に学徒動員の命令が下った。当時十四歳、十五歳の可憐な少女たち百二十人が、〝大和なでしこ〟の精神を胸に抱き、十月十四日、郡山市の日東紡績富久山工場に出動した。

この工場に学徒動員されていたのは、他に磐城高等女学校と川俣工業高校の二校。私の任務は生徒たちの作業現場の巡視と一人一人の健康状態を見ることだった。生徒たちは悪臭や騒音に悩まされ、厳しい寒さに耐え、薬品で手は荒れていた。

最も私の胸を痛めたのは、耐火レンガやガラス繊維製造場だった。汚れた作業衣に防空頭巾を被り、一輪車に粘土を積んで運んだり、型に入れた粘土を窯に入れたりの重労働だった。

作業は午前八時から午後五時まで。成長盛りの生徒だったので、食事の時間になれば一目散に食堂の中へ。一膳の丼飯である。時には故郷から小包が届き、部屋中、大騒ぎになることも。恐らく、親や家族は自分たちの食を減らして子供たちのために送ったのだろう。生徒たちも仲良く分け合って食べていた。

ところが、終戦間近の昭和二十年四月十二日午前十一時頃、アメリカ軍のＢ29の爆撃を受け、工場は壊滅。死者九十二人、負傷者二十七人。幸い、原町女学校生に死者はなく、本当に不幸中の幸い。命からがら逃げ、野宿で一夜明かして工場へ戻り、原町へ帰宅した」

九死に一生を得た彼女たちの忘れられないこの体験記録を読みながら、私はダイエー創業者の中内功氏の言葉を思い出した。

「大東亜戦争は明治生まれが始めて、大正生まれが苦労させられた」

中内氏は大正十一年（一九二二）生まれでフィリピンの混成五八旅団に所属し、ルソン島の守備に就く。一九四五年八月投降後、マニラの捕虜収容所に入れられたが、奇跡的に生還した。

日高さんや阿部さんのような昭和生まれは学童疎開や勤労動員で働かされた。真珠湾攻撃を始めたとき（一九四一年十二月八日）、東條英機首相は五十七歳。木戸幸一内大臣は五十三歳。明治生まれの、この世代が大東亜戦争を始めたのである。

＊配給事情は悪化の一途

戦時中、他の都市と同じように郡山も戦局の緊迫化とともに食糧の配給事情が悪化の一途をたどった。衣料品も極度に不足。衣料切符は年間百点であったのが、五十点に減らされ、手拭は三点、毛布は十八点。日用品のマッチ、石鹸、チリ紙、タバコ、薪炭なども不足し、配給制度になった。タバコの配給量は一日六本だった。

3・11震災直後、ガソリンを求めてスタンドは長蛇の列。数時間、待ってようやく入れたとしても十リットルまで。まるで戦前の配給制度そのもののような様相を呈していた。

郡山の建物疎開は一九四三年ごろから始められ、敗戦の前日八月十四日まで続けられた。第四期の建物疎開は昭和二十年（一九四五）七月から始められ、郡山駅東部工場周辺千六百戸が県の「譲渡命令書」によって買収され、警防団員や中学生などの手によって取り壊され、撤去された。

昭和十七年、双葉郡の国民学校二年の担任・宮本喜代さんの証言。

「住んでいる処が建物疎開の指定になり、その指定にあたった家の子供たちは、両親の故郷や知人を頼って疎開をして行くようになった。人によっては第二次の強制疎開の指定区域にあたって再度引っ越すようになったりもした。……(中略)児童の集団疎開がはじまり、第一団は四年から六年までであったが、第二団から年齢を下げて三年生から連れて行くよ

うになった」（『戦争と女教師』発刊委員会編『花だいこんの花咲けど』福島県婦人教師あけぼの会・発行）

　強制疎開とは米軍の焼夷弾爆撃による家屋の類焼を少しでも食い止めるために、住民を強制的に立ち退かせ、空き家となった家屋を人力によって破壊したというもの。その強制疎開跡にはたくさんのがれきが残っていたが、それはまさに今回の津波の跡地と似ている。

＊ふくしま集団疎開裁判

　原発事故によって引き起こされた放射線被曝。それによる健康被害を懸念して、郡山市の小・中学生十四人とその保護者たちが集団疎開を求めて福島地裁郡山支部に裁判を起こした。いわゆる「ふくしま集団疎開裁判」と呼ばれるものだが、これは戦時中の児童の集団疎開と重なる。

　原告の小・中学生十四人が通う七つの学校の空間線量の積算値は３・11以来、一年間で十二～二十四ミリシーベルトと推計されている。そこで児童たちと保護者たちは被曝から身を守れる環境で教育を受けられるよう郡山市に対し、緊急的に安全な地点に場所を移動させるべきだとして提訴したのである。

　しかし、一審福島地裁郡山支部は二〇一一年十二月、年間百ミリシーベルトを主たる基準にして、それ以下なら避難させる必要はないと判断し、集団疎開の申し立てを却下した。さらに判決は、子どもたちの「生命身体に対する具体的に切迫した危険性があるとは認められない」とまで断定したのである。

戦時中の集団疎開と今回の「ふくしま集団疎開」――。一方は空襲から逃れるための強制疎開、もう一方は放射線被曝から逃れるための集団疎開。この二つを同列に論じることはできないかもしれない。しかし、生命を守るという意味では、その本質は同じ。

広島で被爆して以来六十七年間、六千人以上の被爆者を診てきた九十五歳の医師・肥田舜太郎さんは語っている。

「放射能の影響を受けやすい子どもたちは、汚染の少ない場所に避難させたり安全な食べ物を確保するなどして守られなければなりません」（『内部被曝』扶桑社新書）

肥田医師によると、放射線に敏感な子どもたちに初期の被曝症状が現れているという。下痢が続いたり、口内炎が出たり、のどが腫れて痛いなど……。これらは直接被曝ではなく、漏れ出た放射性物質による内部被曝である。

子どもたちの身を守るためにも集団疎開は必要だろう。それも一刻も早くだ。広島・長崎の二の舞いにならないうちに。

II　内部被曝の恐ろしさ

＊背中の傷

「郡山空襲のことを語るのは辛いです。亡くなった八人の顔が浮かんでくるので……」

当時、十五歳の塩田良家《よしえ》さん（八三）は白河高等女学校（現・県立白河旭高校）三年だった。彼女は学徒動員で保土谷化学郡山工場の電解六一五（苛性ソーダ）に配属されていた。

――あの日、昼にはまだ早いと現場に戻り、長靴に履き替えようと思ったとき、空襲警報のサイレンと同時に爆弾が投下された。一九四五年四月十二日正午前だった。

この郡山空襲で四百六十人が犠牲になったが、そのうち同工場に動員されていた白河高等女学校の生徒百六十人のうち、十四人が犠牲となった。塩田さんは一緒に逃げた九人のうち、ただ一人、生き残った。

塩田さんの証言は続く。

――防空頭巾を被り、外に出てみて気は動転した。防空壕に逃げたが、そこはすでに満員。別の防空壕にやっとの思いで頭部だけ突っ込んだ。入口の丸太にしがみつき、爆風と臭気に耐えていた。

急に背中に重みを感じた。振り向くと、生臭い血みどろの首のない女性の体が背中に寄りかかっていた。仰天して壕を飛び出し、爆弾が落ちるなかを必死に逃げた。直後にその防空壕に爆弾が直撃した。まさに生と死は紙一重。

放心状態で爆撃直後の生々しい生き地獄のなかをどう逃げたかは覚えていない。しかし、たどり着いたのは社宅らしい木造の建物だった。気がついたときには倒壊した壁の下敷きになっていた。

数時間後、消防団に救出され、病院に運ばれた。全身に傷を負い、背中に激痛が走った。爆弾の破片が左肩から脇の下へ貫通していたのである。

「六十七年たったいまも痛みが走ります」

塩田さんは痛みを感ずるたびに、ともに逃げて亡くなった八人の顔が浮かんでくるという。白河高等女学校の卒業生は毎年、郡山市堂前町の如宝寺で慰霊祭を行っている。

「一日一日を大切に生きていくことが恩返しと思っています」

塩田さんの目から涙がこぼれた。

＊郡山はなぜ、狙われたのか

私は郡山空襲について調査研究している人物に会うために郡山を訪れた。3・11「東日本大震災」から約八カ月後の二〇一一年十一月九日だった。彼の名は荒井三夫（七九）。彼は現在、「郡山地域の戦争と平和を考える会」で活動。以下、一問一答。

——なぜ、郡山空襲の研究を始められたのですか。

「戦後の一九五一年、私は保土谷化学郡山工場に入社しました。しかし、工場には空襲の残骸が残り、レッドパージが行われた跡が色濃く残っていました。平和を考えるためには、郡山の空襲を調査・研究する必要があると思ったからです」

レッドパージとはアメリカの占領支配のもと、政府や企業が強行した日本共産党員とその支持者に対する無法・不当な解雇のこと。荒井さんは従業員から戦時中の体験を聞いたり、さまざまな文献や米軍資料を手に入れ、爆撃された要因を調べた。

——なぜ、郡山は米軍に狙われたのですか。

「東京大空襲後の四月から全国の重要な工場や軍事施設が爆撃されました。郡山でのターゲットは保土谷化学郡山工場でした。工場ではガソリンの性能を上げる添加剤・四エチル鉛の生産に追われていました。この四エチル鉛は、戦闘機が急旋回、急降下するのになくてはならず、航空戦略を左右する重要なものでした、空襲時には三千二百人もの従業員がいました」

——なぜ、四エチル鉛の製造が郡山工場で行われたのですか。

「戦前、日本は四エチル鉛の入手はアメリカからの輸入に頼っていました。しかし、一九三七年に日中戦争が始まると途絶してしまいました。そこで保土谷化学は独自に製造研究に着手したのです。しかし、極めて毒性が強いため住宅密集地ではできず、一九三八年秋に郡山工場で実験が開始されたのです」

軍部は生産の行方を重視し、海軍大臣・嶋田繁太郎、軍需局長・御宿好《みしゅくこのむ》、東久邇宮殿下、陸軍大将・土肥原《どいはら》賢二、海軍軍令部総長・永野修身《おさみ》、前総理大臣・東條英機らが次々と工場を訪れたという。

米軍は捕虜の証言などから工場で四エチル鉛をつくっていると断定。空襲の二週間前の三月三十日に航空写真を撮影して詳細に分析。それに基づき工場の心臓部はほとんど破壊したという。郡山空襲は東京大空襲のような焼夷弾攻撃ではなく、特定の軍事施設を狙ったもので「五百ポンドGP爆弾」が投下されたのである。

——工場には多くの女学生が勤労動員されました。

「六百十人の女学生が動員され、二十六人が犠牲になりました。このなかで白河高女の生徒が十四人と過半数を占めたのは、郡山までの通勤ができず全員工場内の寮に入っており、空襲時は食事時間のため、近くの防空壕や寮で爆死しました」

空襲による犠牲者は保土谷化学郡山工場二百四人、日東紡績富久山工場九十二人、東北振興アルミ工場四十七人、周辺住民も含め、計四百六十人が犠牲になった。

さらに七月二十九日には二発の模擬原爆で三十九人が犠牲となり、八月十日にも艦載機による攻撃で二十九人が亡くなった。

――ところで、原発事故によって福島も大きな被害を出しました。

「私は保土谷化学郡山工場の研究室で有機化学関係の仕事をしていましたから、放射能に対しては強い関心をもっていました。〝絶対安全〟といわれてきましたが、その〝神話〟が崩れたわけですから、廃炉にすべきです。それでも無害化までは数十年が必要なんです」

空襲と原発という国策に翻弄《ほんろう》され、受忍を強いられてきた郡山の被災者たち。事故を起こした原因も責任も曖昧なまま再稼働する原発と、多くの国民を巻き込んだ郡山空襲は同根と荒井氏は語る。

＊人間の尊厳を奪う原発事故

原発事故でいまも十六万人が国元に帰れない人々。終《つい》の棲家《すみか》を失い、人間の尊厳を奪われた福島県の被災者たち。

私は3・11後、数回、福島の被曝被災地に取材に入った。その間、ずっと、「なぜ、こんなにたくさんの人々が被曝したのか」「なぜ、避難に失敗したのか」を考え、取材を続けてきた。

飯舘村。標高五百メートルの村は晩秋。コスモスの花が咲き乱れていた。絵に描いたような美しい田園風景が広がっていた。

しかし、山道を走っていて、私は言葉を失った。人は村から消えていた。農民は行き場を失い、人っ子一人いない。汚染されているであろう川の周辺にも人影は見えない。生活する人がいて社会が成り立つ。そんな当たり前のことが、この村から消えていたのだ。

福島第一原発の事故による放射能という〝見えない津波〟によって、いまなお多くの命・生活・未来が脅かされている。尊い命を守り、美しかった飯舘村を取り戻すために、どうすればよいのか。

先の荒井氏はこう言う。

「この夏、再稼働しなければ停電すると政府や電力会社は言いましたが、国民の努力で原発がなくともやっていけたじゃないですか。それなのに国が原子力政策を強引に進めていくなら、飯舘村はもとより、福島県の復興はあり得ません」

＊もう一つの「原爆」福島に落とされた模擬原爆

一九四五年七月十六日。原爆実験に成功したアメリカは、これを失敗なく目標地点に投下するための訓練に入った。同年七月二十日〜八月十四日。米軍は広島、長崎に先駆け、長崎型原爆「ファットマン」と同じ形の容器に火薬を詰め、同じ重さにした一万ポンド（約五トン）爆弾を東京や富山、滋賀、神戸、大阪など五十カ所に投下した。「模擬原爆」といわれる、この爆弾で四百人以上が死亡し、千二百人以上が負傷した。

この爆弾が模擬爆弾と判明したのは一九九一年十一月、愛知県春日井市の「春日井の戦争を記録する会」のメンバーによる調査からだった。国立国会図書館で機密扱いが解除された米軍の資料を閲覧していたときに発見したものだ。

原爆投下の実地練習としての「模擬原爆」は福島県の場合、福島市といわき市に投下された。この模擬原爆はかぼちゃのような形や色をしていたことから、パンプキン（かぼちゃ）爆弾とも呼ばれた。

広島に原爆を投下したエノラ・ゲイの機長だったポール・W・ティベッツ・ジュニア准将の証言。

「（模擬原爆の訓練は）実際、搭乗員たちがしてきた訓練の頂点だったから、たいへんに役立った。彼らに訓練用爆弾を与え、彼らを一つのピンポイント目標に送り出し、結果を写真に撮り、われわれは彼らに目視条件のもとに投弾することだけを許した」（米軍資料『原爆投下の経緯』東方出版）

米軍は原爆を投下する際の各作戦、戦略について精緻《せいち》な分析と戦果に直結する優秀な人材を抜擢《ばってき》していた。一方、日本軍は権威によって現場や優れた技術者を抑圧し、トップの考えがすべて正しいと繰り返した。この彼我の差が勝敗を決定づけたといってよいだろう。

＊模擬原爆で弟を失う

私は戦後六十七年を迎え、人々の記憶が風化するなか、模擬原爆で弟を失った斎藤ミチさん(八五)を訪ねた。福島市渡利字前山。二〇一二年八月二十一日午後三時すぎ——。「ピンポン」。何度、ベルを押しても返事がない。隣の人の話だと、病気で入院したという。

それからちょうど一カ月後に携帯から電話を入れた。

「韓国からも取材を受け、あちこち動き回ったものですから、疲れてしまって……。もう、年ですけども、頑張らなくちゃね」

電話口に出た彼女の声は明るかった。彼女は当時、十八歳。一九四五年七月二十日の朝だった。「ドカン」。落雷のような炸裂《さくれつ》音と地響きがした。いろりに腰掛けて地下足袋を履こうとしていた斎藤さんは、敷居まで吹き飛ばされた。母と二人で山へ逃げた。

五つ年下の弟・隆夫さんは自宅から数百メートルの田で除草していた。その田から黒煙が上がった。山を駆け下りた斎藤さんは言葉を失った。泥まみれで腹部をえぐられた弟の遺体を見つけた。あまりの衝撃で泣くことすらできなかった。

「たった一発の爆弾で死んだなんて、かわいそうでした」

しかし、この爆弾が人類初の原爆投下を成功させるために米軍が訓練として投下した模擬爆弾だったと聞かされたのは、終戦から随分と時が経過してからだった。

東京電力福島第一原発事故による放射能で汚染され、またも「原子力」で翻弄された。

「大事なことは何も知らされねえ。いまも昔も変わらねえ。これではまた日本は同じ過ちを繰り返すのではないかねえ」

情報を統制した戦前の軍部と情報開示に消極的ないまの東電と政府の姿勢が重なって見えたのだろう。

閑静な渡利地区は福島第一原発から六十キロ。避難の対象地域には指定されなかったが、一、二カ月後に斎藤さん宅の庭を役所の人が測定すると、毎時一・七マイクロシーベルトだった。

私が訪れたときは、測定器を持っていなかったために、値はわからない。しかし、福島市のホームページの「環境放射能測定値」によると、渡利地区は毎時〇・四マイクロシーベルト（二〇一二年八月二十八日現在）だった。明らかに福島第一原発から飛散した放射性物質に覆われているのだろう。

＊たとえ微量でも健康を害す

放射性物質がもたらす内部被曝の恐ろしさ。飲食や呼吸などによって体内に取り込んでしまった放射性物質は、内側からじわじわとわれわれの身体をむしばむ。一日二十四時間、ずっと低線量で被曝させ続けると、身体にどんな影響が現れるのか。

日本の政府や学者はよく、「年間何ミリシーベルト以内なら健康に影響はない」「毎時何マイクロシーベルトまでなら大丈夫」という。しかし、これは外部被曝の場合のこと。内部被曝は外部被曝とちがって、放射性物質を体内に取り込んでしまい、一日二十四時間ずっと被曝し続けるという。その影響は、たとえ微量でも健康を害する可能性がアップするという。

体内に入る放射性物質は「それ以下なら安全」ということは有り得ないのだ。「少しでも体内に入ったら、長期的に被曝し続けるのだから、政府や学者の言っていることはウソです」と広島で被爆した医師・肥田舜太郎氏は言う。

微量でも健康に影響する内部被曝の被害について、日本政府は無視し続けてきた。それはなぜなのか。肥田医師の証言。

「日本が降伏して米国の軍隊が占領し、ＧＨＱが統治を始めました。そして『米国の軍事機密』だとして、原爆の影響について研究したり論文を書いたり、学会で論議したりすることを禁じたからです」（前掲書『内部被曝』）

アメリカ軍（連合国軍）が日本を占領していた約六年七カ月間（一九四五年九月～一九五二年四月）、日本の新聞、雑誌、放送、書籍、広告などはすべて占領軍によって検閲されていた。違反すれば、厳罰に処された。いや、銃殺に処されると脅された。だから、「原爆の被害に遭いました」などと言えなかった。

日本政府はアメリカの命令だから、被爆者が苦しんでいても、まったくお構いなし。ようやく一九五二年に被爆者の医療に関する法律ができ、本人が申し出た場合のみ「被爆者手帳」を発行したのである。

＊本物の原爆が落とされたら

再び、斎藤ミチさんの証言。

――爆死から二、三日後、弟の命を奪った爆弾の破片が見つかった。長さ約五十センチ、幅約二十センチ、重さ十五キロ。見つけたのは父親。「息子の供養に」と近くの瑞龍寺に預けた。

福島市の渡利に落とされた模擬原爆は広島、長崎の原爆投下と密接に関係している。渡利に模擬原爆が投下された十七日後に広島に、二十日後に長崎に本物の原爆が投下された。

一人暮らしの斎藤さんは電話口でこう言った。

「もし、本物の原爆が渡利に落とされたら、どうなっていたかねえ」

福島の建物は全壊し、何万人の死者が出たにちがいない。さらにこう続けた。

「いまの日本を取り巻く雰囲気は戦前の嫌な雰囲気と似ていますねえ。戦争の悲惨さを知らない若者の安穏さは危険ですよ」

だから、平和を求める声を大きくしていかなければと斎藤さんは思う。

私が訪ねたとき、渡利周辺の田畑は除染されずに荒れ果てていた。

＊いわき市も爆撃に遭う

郡山空襲は先に述べたように一回目は一九四五年四月十二日午前十一時七分ごろから約二時間にわたって、軍需工場だった保土谷化学郡山工場・日東紡績富久山工場などを中心にした攻撃だった。二回目は七月二十九日午前九時十五分からの爆撃で死者は三十九人。三回目は八月十日午後三時七分ごろの銃爆撃で二十九人の死者を出した。

しかし、二、三回目の爆撃は「捨て玉」空襲だった。「捨て玉」というのは、B29が鹿島灘を通ってマリアナ基地へ帰るのに爆弾を持っていると、着陸を間違えたとき飛行機自体が爆発するので、着陸する前に全部、空にして余った爆弾を投下していったことを指す。そのために平市（現いわき市）は三回も空襲に遭い、戦災者八千五百人、焼失家屋二千二百九十五戸、死者二十二人を出した。

そのほか、福島県で被害に遭った市町村は本宮町・小名浜・須賀川市・原町市・富岡町など。また阿武隈山系の川内村や大越町・滝根町・船引町・小野町・御館村なども被害を受けた。大越町は駅の中心街を焼失、死者は四人だったという（『日本の空襲1　北海道・東北編』三省堂）。

太平洋戦争による「戦災」と3・11「東日本大震災」による原発事故。どちらも未曾有の災厄だが、被害の性質がまったくちがう。その対応や復旧・復興に大きな開きがある。しかし、共通しているのは「人災」ということ。

これは政治家と官僚、学界などが責任の所在を曖昧にし、「由らしむべし、知らしむべからず」という上意下達の思想からきている。この国家の体質を変えない限り、原発事故の復興は遅れるだけでなく、次にくる大災害でも同じことが繰り返されるだろう。

＊一市民による「戦災民俗資料館」

私は吉田昭治さん（八四）の自宅へ向かった。吉田さんが独力で建てた「戦災民俗資料館」

を見るためである。吉田さんの住まいは郡山市横塚にあった。吉田さんに案内されて館内に入った。吉田さんは現在、郡山市遺族会会長。

横塚地区に投下された爆弾の破片や焼けただれた家財の一部、郡山空襲を伝える戦災記録、当時の惨状を綴《つづ》った手記などが展示されていた。しかし、失礼ながら、資料館としては必ずしも人に見せられる代物とはとても思えない。埃がいたるところにある。やはり、一民間人の手で運営することは難しいのだろう。行政がもっと手を差し伸べるべきではないのか。

いっぽう、こうした戦災資料と一緒に、吉田さん方にあった古い農機具や民具（野良着）、戦前の小学校で使われた教科書や机、遊具が並べられていた。それに発動機、文政年間の土摺臼、カマドなど戦前の台所用具、祭事道具など四百点が解説付きで展示されていた。

私は聞いてみた。

——いつ、建てられたのですか。

「昭和三十八年（一九六三）四月です。約百平方メートルの広さで、総工費は約五百万円かかりました」

郡山空襲から十八年後のことである。決して目立つ建物ではない。当時の五百万円をいまに換算すれば、いくらになるかはわからないが、相当の金額だったにちがいない。

――なぜ、私財を投じてまで資料館をつくられたのですか。

「苦しい時代を知る人は少なくなり、町もすっかり変わった。平和な時代に生きる子どもたちに、辛かった戦争や戦前の暮らしを伝えたかったのです」

――大事な視点ですね。

「空襲で肉親や家を失い、地下壕のなかで暮らした悲惨な戦争体験を二度と子どもたちに繰り返させてはなりませんから」

＊横塚地区へも爆撃を加えた

横塚地区。吉田さんの家は江戸時代から農業を営んできた旧家。太平洋戦争末期の昭和二十年四月十二日、付近に軍需工場・保土谷化学郡山工場があったため、B29の猛爆を受け、同地区の約八十戸のうち六十五戸を焼失、二十二人が焼死した。吉田さん宅も爆撃で焼失した。この猛爆で祖母ハルさんを失った。

当時、十六歳だった吉田さんは横塚の自宅から約一キロ離れた畑で両親と農作業をしていた。そのとき、十二機編隊で本宮方面へ北上していたB29の二機が突然、向きを変えて郡山にきた。頭上のところで爆弾が落ちるのを見た。慌てて畑に身を伏せた。爆弾はそばの池に落ち、煙と埃がズドーン。九死に一生を得たのである。

保土谷化学郡山工場への爆撃は、よく知られている。しかし、同工場のあおりで横塚の集落が空襲を受けたことは〝陰〟に隠れてしまい、ほとんど知られていない。

「ですから、戦災の資料が少しでも残っているうちにやっておきたかったのです。次の世代に何としてもこの郡山空襲を伝えていかなければなりません」

――今後、資料館をどのようにして保存していかれるのですか。

「この資料館は郡山市が戦災後、被災者のために建ててくれたバラック建ての家をそのまま残して、そこにつくったものです。郡山空襲のシンボルとして残し、当時の様子を子や孫に伝えようと思います。そのために、もっと展示品を充実させて、子どもたちに〝生きた社会科〟を学ぶ場所として役立てたいと思っています」

私はこの資料館の展示品を見て、「歴史を記録する」、あるいは「歴史を語り継ぐ」ことの難しさを改めて感じないわけにはいかなかった。六十七年前の戦災の現実をどのように語り継ぐべきなのか。

しかし、ささやかな小さな資料館であるが、展示品の一つ一つを見て、この資料館の空間には郡山空襲で被災した人たちの無数の苦悶の声が彷徨《さまよ》っているように思えた。私は思った。この目に見えない〝苦悶の声〟を受け止めることが「歴史を記録する」、あるいは「歴史を語り継ぐ」ことになるのではないか、と。

昭和という時代のなかで、戦争によって何も語ることなく逝った人たちの声を代弁していく――それがこの資料館の基本的な約束ごとだと私には理解できた。と同時に、郡山空襲を記録し、歴史を語り継ぐこの資料館は、どのように推移していくのか。それはこの国の、いや郡山の歴史と向き合う姿を象徴しているように思えてならない。

＊公的援助もなく

外はすっかり暗くなっていた。私は資料館を辞した。公的な援助もなしに、「民間」の個人の援助と郡山空襲を語り継ぐことに使命感を持っている人によって運営されていてよいのだろうか。私は複雑な思いに駆られた。

私も栃木県の宇都宮市に住んでいたころ、事務局長として「宇都宮市戦災を調査する会」を立ち上げ、『宇都宮空襲・戦災誌』と『あの日の赤い雨』の二冊を刊行したことがある。その際、何度も宇都宮市に資金援助を要請した。当時の新聞の切り抜きから。

「空襲の記録を後世に　市に資金援助を要請　調査を一冊の本に収録」（『下野新聞』一九七四年四月十二日付）「街頭で署名運動　近く市に資金など協力要請」（『栃木新聞』一九七四年四月十二日付）「戦災記録を残すために援助を」（『下野新聞』一九七四年四月二十六日付）

しかし、宇都宮市から資金援助の要請は断られた。国や地方自治体はこうした記念誌や記念館を残すことに消極的なのが、この国の特徴である。しかし、それは歴史の負の遺産を残すまいとする意思の表れなのだろう。

第六章

サハリン引き揚げと福島第一原発

ポツダム宣言受諾を拒否

＊ふるさとを二回追われた

「私はふるさとを二回、追われました」

二〇一二年八月二十日。ＪＲ常磐線泉駅近くのいわき市の泉玉露仮設住宅に住む佐藤紫《し》華《げ》子《こ》さん（八四）はそう語った。一度目は一九四五年八月、ソ連軍の侵攻。十七歳だった。二度目は３・11東日本大震災である。

彼女は樺太（現ロシア・サハリン）の敷香《しすか》町（現ポロナイスク）という地で旅館を営む両親の下に生まれた。サハリンは北海道の北に宗谷海峡をはさんで北緯約四五度から五五度に横たわる島。日露戦争の勝利の結果、一九〇五年以降は北緯五〇度以南が日本領、以北がロシア領とされた。

領有以後、殖産興業の国策に沿って漁業、林業、石炭採掘、パルプ工業などを中心に経済開発が進められ、世界不況のあおりを食った貧農の次男坊、三男坊たちが新天地で一旗揚げようとの夢を抱いて宗谷海峡を渡って行った。なかでも多かったのが、北海道や東北の貧農の人たちだった。

とくに一九三〇年以降、炭鉱の開発が急速に進められ、炭鉱労働者を中心にした人口は増加の一途をたどった。終戦時、サハリンには約四十五万人いたといわれる。当時、サハリンは漁業や炭鉱など資源に恵まれていたことから軍事上、重要な地域とみなされ、各地に陸軍部隊が駐屯していた。

＊ソ連軍の侵攻

一九四五年七月十七日。アメリカのトルーマン、イギリスのチャーチル、中国の蔣介石の三国首脳がベルリンの西南にあるポツダムで会談。米軍は日本本土上陸で百万の戦死者を出す恐れのあることを予測。同月二十六日、連名でポツダム宣言を発表し、日本に降伏を迫った。しかし、鈴木貫太郎首相は米国の謀略と考え、拒否。三十日に佐藤尚武大使はソ連に条件付き和平斡旋《あっせん》を依頼したが、回答がなかった。

八月六日、広島に原爆投下の事実を知るや、ソ連は九日、日本に宣戦布告し、極東ソ連軍の大兵力がソ満（当時の満州国、中国東北部）国境線を破って攻め入り、関東軍を急追した。

ソ連軍の侵攻によって推定五千人から六千人の人たちが亡くなった。それも兵士たちよりも民間人の死者が多かった。

すでに、五月の段階で米英ソの三国間で日ソ中立条約破棄の秘密協定が締結され、ソ連の日本に対する宣戦布告は時間の問題とされていた。しかし、その事実を樺太の八十八師団は一切、知らされていなかった。

*ソ連の出方を見誤った日本

ソ連通の外相として知られた広田弘毅元首相（戦犯として巣鴨刑場で刑死）は処刑の寸前、花山教誨師《きょうかいし》にこう語っていた。

「日本がこの戦争でソ連の出方を見誤らなかったら、今日の日本の不幸はなかっただろう」（吉武輝子『置き去り――サハリン残留日本女性たちの六十年』海竜社）

歴史に「もし」は禁句だが、ソ連の出方を見誤ったから、広島、長崎の原爆投下も、サハリンの悲劇も生まれたといっていい。そして国際情勢に疎かった日本政府は関東軍総司令部に次のような指示を下した。

「関東軍総司令部は主作戦を対ソ作戦に指向し、来攻する敵を撃破して朝鮮を防衛すべし」（同）

日本政府は満州死守の国策をあっさりと放棄し、「朝鮮防衛」を前面に打ち出したのである。政府がガバナンス能力を失ったとき、いったい何が起こるのか。それは、このソ連の宣戦布告という手痛い失敗の歴史を見れば、明らかだろう。

二〇一二年九月。日本の尖閣諸島国有化をきっかけに、中国の各都市で反日の大規模デモが展開された。また尖閣諸島の周辺に中国の海洋監視船や中国航空機が接近したり、日中間交流行事が中止されたりしている。

野田政権のある幹部は、「よもや、中国がこれほどエスカレートするとは思ってもいなかった」と〝外交音痴〟的発言をしていた。しかも、八十一年前の満州事変の発端となった柳条湖事件（九月十八日）直前の同月十一日に国有化を決めれば、中国指導部の神経を逆なですることは火を見るより明らかである。これはまさに、ソ連が日本に宣戦布告してきた当時の国際情勢を見誤った日本とそっくりではないか。

また中国を過小評価し、対立を煽っている一部勢力の主張も同根だろう。外交は主張の応酬だけではない。解決の糸口を見いだす対話が不可欠だ。激しい言葉の応酬は、双方の一部の国民から喝采を浴びるかもしれないが、真の平和解決にはつながらない。

外交交渉が破綻したときに戦争が起こる――。これが歴史の教訓である。日本は戦前と同じ過ちを繰り返してはならない。

さらに二〇一二年八月、韓国の李明博大統領（当時）が竹島へ強行上陸するという「屈辱」を見せつけられると、過去の戦争が終わっていないことをまざまざと思い知らされた。またロシアとの間でも領土をめぐって関係が悪化する傾向も見られる。これは、日本が負の遺産を清算できずに、いまだに戦争責任が問われている表れなのだろう。

＊8・15以降もソ連軍の侵攻は続く

再び、佐藤さんの証言。敗戦が告げられた八月十五日以降もソ連軍の侵攻は続いていた。

「もう生きた心地がしませんでした」

と佐藤さんは当時を振り返りながら、話を続けた。

「私は女学校を卒業したばかりで、ラジオで天皇の〝玉音放送〟を聞きました。しかし、敗戦になってもソ連軍は侵攻してきて、陸軍部隊との間で激しい戦いが行われ、敷香町も戦禍に巻き込まれました。わが家のガラス戸は激しく揺れました。真っ赤な光が見えたり、大きな音がしたりしました」

八月十七日。敷香町にも緊急疎開命令が出され、住民は日本軍のトラックによって輸送された。その後、ソ連軍機二十機による空襲も続き、二千五百戸の市街は全焼した。

上敷香は横綱大鵬の生まれ故郷である。当時、五歳だった大鵬は空襲によって猛火に包まれた故郷の無惨な姿を記憶しているという。この樺太の戦いで敷香住民の死者は厚生省資料によると、約七十人だった。

＊引き揚げ三船の遭難事件

戦禍を逃れるために佐藤さん一家は、命からがら引き揚げ船で北海道の稚内港に帰還した。しかし、当初、乗るはずだった船が撃沈されたと知らされたのは、稚内港に着いてからのことだった。国籍不明の外国船に撃沈され、多くの友人が命を落とした。これを引き揚げ三船の遭難事件という。

八月二十二日。北海道・留萌沖の海上で樺太から引き揚げる女性らを乗せた日本の引き揚げ船三隻（小笠原丸、第二新興丸、泰東丸）が潜水艦による攻撃を受け、小笠原丸と泰東丸が沈没して千七百人以上が犠牲になった事件だ。

サハリンの大泊港は引き揚げ者であふれていた。佐藤さんの母は船長に頼み込んだ。

「雨が降るので風邪をひいてしまいます。うちには体の弱い人がいるので、早い順の船に乗せてください」

佐藤さん一家は予定より早い船で稚内港に向かった。狭い船内。人が入りきれなくなるからと荷物は捨てた。人間の生と死は紙一重。もし、母の一言がなければ、轟沈《ごうちん》された船に乗り込んでいたかもしれない。あるいは爆撃で命を落としていたかもしれない。

「誰かに助けられて日本へ帰ってこれたのですが、私以上に苦しんで、亡くなっていかれた人のことを思うと、気が引けてお話しできませんの……」

もし、佐藤さんは後続の船に乗っていたら、いまの自分はいない。そう考えると、この引き揚げ三船の遭難事件は自分の人生にとって重大な事件だったと佐藤さんは言う。しかし、引き揚げの傷あとは癒えるものではない。さらに記憶をたどって、当時のことを話してくれた。

「敷香《しすか》町は多感なときを過ごした場所です。内地に引き揚げて十年ぐらいは恋しくて帰りたくてしようがなかったです」

引き揚げ船で北海道の稚内港に帰還した佐藤さんは、戦後、一年ほど北海道で暮らした。母の実家が福島にある縁で、その後、福島に来て警察官の夫・武雄さん（八九）と結婚した。昭和二十五年（一九五〇）、二十三歳のときだった。

警察官の異動人事で転々としたが、最後は富岡町に居を構えた。昭和三十五年（一九六〇）だった。佐藤さんは家事をこなしながら、日本舞踊や生け花を富岡町の自宅で教えた。双葉郡に福島第一原発ができたころ、米国のGE（ゼネラル・エレクトリック）社から多くの技師が家族ときていた。顔ぶれも多国籍だった。

佐藤さんは技師の妻たちに生け花を教えに出向き、喜ばれた。

「着物でおけいこに行くと、『オー、ビュティホー』なんて喜ばれてね。英語はジェスチァー。それでもちゃんと通じたのよ」

このように富岡町での佐藤さんの日々は充実していた。

しかし、佐藤さんは東日本大震災で再びふるさとを追われる運命をたどることになる。地震と津波による東京電力福島第一原発事故で、佐藤さんは各地を転々とした。富岡町の施設から始まり、その後は川内村、三春町、郡山市へ。そして長男夫婦のいる新潟県柏崎市から現在のいわき市へ。体育館に避難する人と、引き揚げ時に疲れて港に座り込む人の姿とが重なって見えた。

＊原発難民の声を詩に託して

「追われて、避難するのはいつの時代も辛いものです」

佐藤さんは各地を転々とし、ふるさとを追われている間、詩をつくり続けてきた。枕元にノートとペンを置き、思いつくままメモした。

たとえば、それは原発への憤り。

〈仕事が　ありますよ
お金を　澤山あげますよ
甘い言葉にのせられて

自分の墓穴を掘るために
夢中になって働いてきて
原発景気をつくった
あの頃……〉

あるいは、「右へならえ」の原発の恐ろしさ。
〈戦時中もそうだった
右へならえ！
右へならえしないと
兵隊さんに叱られた
原子力発電所を造る時も
遅れてはならないと
右へならえ　して
この小さな日本に五十四基
ノーモア　ひろしま
ノーモア　ながさき

あんなにノーと叫んだのに
原爆と原発は
親戚みたいなものなのに……〉

もう一つ、「仮設という名の姥捨山」。
〈誰が拾ってくれるというの
この年を
誰が支えてくれるというの
この足を
病院へ行くのも一人
帰って来ても　一人
手をのばしても
誰も居ない
立っているのも覚つかない
心が凍る
足がすくむ

こゝは姥捨山だよナー
ポツリとつぶやく
頬かむりして〉

最後は、古里への思い。
〈呼んでも　叫んでも
届かない
泣いても　もがいても
戻れない
ふるさとは
遠く　遠のいて
余りにも遠い
近いけど　遠いふるさと……〉
（佐藤紫華子『原発難民の詩』朝日新聞出版）

いわき市の仮設住宅から富岡町の自宅まで車で一時間ほどの距離だが、立ち入り禁止の

警戒区域に指定されて車は入れない。サハリンが遠くにありて思う故郷なら、佐藤さんにとって富岡は、

〈余りにも遠い
近いけど　遠いふるさと〉

となった。

佐藤さんは書きためた作品を二冊の詩集に収めて『原発難民』として自費出版した。八十四歳が紡いだ五十六篇のポエム集である。

この詩集が俳優の吉永小百合さんの目にもとまった。原爆の詩を朗読することをライフワークとしている吉永さんは、佐藤さんの詩に心を動かされ、福島市で開かれた朗読会で佐藤さんの詩を取り上げた。

自費出版本の冊数はなくなった。内容を再構成し、新たな作品を加えて出版したのが、『原発難民の詩』だ。その帯に吉永さんはメッセージを寄せた。

「紫華子さんの心の叫びを、故郷への思いを、私はいま、しっかりと受けとめたい。負けないで、乗り越えてと祈らずにはいられません」

＊「原発のおかげでただ食い」と陰口を叩かれ

福島第一原発事故によって、周辺の十二万人が家を離れ、仕事を失って見通しのつかない避難生活を続けている。日常を奪われ、不条理な状況のなかで、避難生活を強いられている原発立地自治体住民。佐藤さんは言う。

「原発のおかげであんた方はいいもんだ。金をもらってただ食いしているんだから、と陰口を叩かれたりしました。とんでもないことです。私たちは推進派とか反対派とかに全然、関係ありません。ただ、そこに住んでいたというだけの話です」

確かに、原発の立地によって東電や国からさまざまな形で恩恵を受けてきたかもしれない。しかし、いまの状況は東電と国が嘘をついてごまかしてきたことの結果である。

「結局、犠牲になったのは私たちです。何の罪もない普通の人間が一部、利権業者と同じに見られるのは心外です。私は若い人たちに言うのです。〝もっと怒りなさい〟って。何でも言いなりで、ハイハイではいけませんよ、って。戦争も原発事故も、誰かが声を上げてさえいれば、過ちを防げたはず。『多数派』に負けてはいけません。くじけては生きていけません」

声を上げよう。同じ過ちを繰り返さないために。実際、浪江町の農夫・舛倉隆氏（故人）は同町棚塩に原発建設が決定された後、三十年もの間、一貫して建設計画に反対し続け、ついに建設を断念させたではないか。

＊無一文になって放り出され

私はサハリンから無一文になって放り出され、食べるものに困っていたという女性に会うために南相馬市原町区益田を訪れた。二〇一二年十一月二十五日。真っ暗な山の麓にぽつんと家の明かりが見えた。大原尚子さん(六九)の家だ。彼女は元中学校の美術教師で現在、絵画教室を主宰している。彼女は「はらまち九条の会」の会報（Ｎｏ．１１２）にこう書いている

「昭和十八年（一九四三）生まれの私にとって、あの戦争は爆弾や空襲といった思い出より、ひたすら空腹に耐えた厳しい日常生活の思い出といえます」

彼女は敗戦をサハリンで迎え、二年間、ロシア人に混じって生活していた。そして昭和二十二年（一九四七）、サハリンの南端の港町・大泊町から引き揚げ船に乗ったとき、彼女は三歳半。しかし、原町に引き揚げたものの食糧難で生活は困窮を極めた。「飢え」一色だった。

「私は知人の家の物置の、軒の片隅でスタートした生活は、極貧そのものでした。教員をしていた父のわずかばかりの給料では、十分な食べ物が賄えるはずもありませんでした」

（同）

国策とはいえ、大原さんは愛と希望に燃えてサハリンに渡った両親のもとですくすく育った。しかし、敗戦という悲しい結末を迎えて苦難を強いられた大原さんの証言を読むと、胸を激しく揺さぶられる。人間のささやかな努力を容赦なく破壊し、奪い尽くす国家の非情さ、戦争の暴力性に粛然たる思いにとらわれる。

＊東電のごまかしは許せない

私は大原さんに原発事故について話を聞いた。

「東京電力が検査結果の数値をごまかして、謝った際、『二度とこういうことがないように一〇〇％安全な原発を目指します』と記者会見で言っていました。私はそれを聞いて首をかしげました。人間のやることに一〇〇％安全ということはあるのでしょうか。事故が起きたとき、やっぱりな！　と歯ぎしりしました」

戦前、日本の指導者は「一〇〇％、日本は勝つ」と言っていたが、その言葉と重なったのだろう。戦前もいまも日本の構造的システムは何も変わっていないと大原さんは言う。

原発事故によって大原さんも避難先を転々とした。はじめは南相馬市の友人宅やお寺に一晩ずつ、泊めてもらった。そのとき、横浜市に住む長女から電話が入り、

「お母さん、東電の言うことを信用しちゃダメだよ」と悲鳴に近い言い方で、より遠くへ避難するよう叱責された。長女はかつて原子力安全委員会で働いていたので、原発の怖さをよく知っていたのだろう。その声はものすごい緊迫感に満ちていて、のん気に構えていた大原さんをびっくりさせた。そのあと大原さんは仙台市に住んでいる長男夫婦宅に二カ月間、お世話になった。大原さんは話を続ける。

「精神的窮屈さや苦しさは銭金《ぜにかね》に替えられません。原発で追われ、この先、どうなるんだろうか、という苦しさはおさまりません。いま、何不自由なく暮らしていますが、気持ちのなかがちっともほどけてないんです」

原発事故で回復する目安がつかない怒りを大原さんは絵に描いた。「避難民・怒り」（6号）と「避難所・死者との対話」（80号）。いずれも油絵である。

「じっと口をかみしめて目を真っ赤にして怒っている自分を描いたのですが、それは東電に対する怒りです。いまも多くの家族がばらばらに生活しているのに、再稼働なんてとんでもありません」

私は大原さんの話を聞きながら、山田洋次監督の松竹映画『家族』を思い出していた。炭鉱のある長崎県の島から開拓のため北海道へ移住する一家を描いた作品だ。高度経済成長の陰で、希望を失わず懸命に生きる人々の姿が心を打つ。

私は前夜、車で郡山市から飯舘村を通り、南相馬市へ入ったが、明かりはどこにもなく、何も見えない。昔、山道を走っていても、ぽつんと明かりが灯っていたものだが、いまは真っ暗で怖いくらいだ。一緒にいるはずの家族は離れ離れのままなのだろう。

カーナビが「この先を右へ回ってください」とアナウンスするので、右へ回ると「立ち入り禁止」。警戒区域に指定されているため、なかへ入れないのだ。路頭に迷っていると、一台の車がきた。手を挙げて運転手に尋ねた。

「南相馬市へ行くのですが……」

そしたら彼は、「俺の車のあとをついてこい」という。明かりのない真っ暗闇を走って、ようやく南相馬市へ着いた。

私は思った。本当の幸せとは何か。それは、たとえ貧しくとも小さな明かりの下で一家団欒《だんらん》していることではないのか、と。しかし、原発事故は家族をばらばらにした。

＊青年に課せられた東北の再生

収束への確かな道筋が見えないいま、放射線被曝《ひばく》の不安を抱え、ふるさとを離れたままの福島県民は多い。しかし、国策に翻弄《ほんろう》されながらも奮闘してきた彼ら彼女たちの姿から、問題の根底に何かが見えてくる。

サハリン引き揚げと原発事故——。ここで改めて明らかになったことは、いかに東北が中央政府の下支えになってきたかという事実だ。日清日露の戦場では兵卒として。大正、昭和期は開拓の先兵として。戦線を拡大した兵士に供給する稲作の奨励地として。そして戦後は中卒若年労働者や集団就職、出稼ぎの発信地として。あるいは電力供給源の原発立地県として。

貧困からの脱出で東北が得たものは補助金であり、それがまた東北から「体力」を奪っていった。自立と共生で故郷を再創造していった村もあった。しかし、原発事故でそれも一瞬にして消えた。

大切なのは何か。それではいったい、誰が東北の復興を担うのか。農村の忘れられた民権思想を掘り起こしてきた在野の歴史家・色川大吉氏は自らハンドルを握って三陸から福島まで津波で被災した沿岸部を走った。色川氏は書いている。

「こんどの地震、津波の被害によって、若い人たちがもう一度先祖の地を立て直そうということになれば、農村部から再び新しいエネルギーが出て来ることになるでしょう。復興への情熱が彼らの力になる。第二の戦後ともいうべき、新しい出発点になりえます。第一の戦後では、農村から大量の労働力が都市へ移動し、それが高度経済成長の推進力になった。それが今度は、ふるさとの復興へと逆流していくのではないでしょうか。そういう動

きが始まっていると私は思います」(『朝日新聞』二〇一二年二月二十八日付)

自由民権運動――。明治維新後わずか十余年、全国の農村でルソーやミル、あるいは欧米の憲法典を読む学習会が重ねられていた。無名の青年たちが集まって、自分たちの国を将来どうするか。そのためにどんな憲法をつくればいいのかを議論していた。

3・11後の東北の再生――。いま、東北の青年たちは自分たちの東北をどういう形でつくっていくか、真剣に考えているにちがいない。優秀な人材を根こそぎ中央がさらっていった戦前・戦後のシステムから、今度は新しい自分たちの東北の創造的システムづくりへ歩み出す――。これが東北の青年たちに課せられた大きな使命と誇りではないだろうか。

第七章

中国引き揚げと福島第一原発

原発さえなければ……

＊原発いらない！ 3・11福島県民大会

原発事故からちょうど一年の三月十一日。郡山市の開成山野球場で開かれた「原発いらない！　3・11福島県民大会」──。

「私は国から二度、棄てられました」

九カ所の避難所を転々として、現在福島県本宮市の仮設住宅に暮らす橘柳子さん（七三）は寒さのなか、福島県民の一人としてこう語った。

一度目は戦争で。二度目は東日本大震災による津波と原発事故で。橘さんはさらに続けた。

「国策に苦しみ、悲しむのは民衆です。……（中略）東北はもっと声を出すべきだと言われますが、すべてに打ちひしがれ、喪失感のみ心を覆っていて声も出ません。展望が見えないなかで夢や希望を追求するのは困難です。もう少しの間、寄り添ってほしい」

戦争も原発事故も国は「国民」を守ってくれない。政府は国民の健康や命を守る政策を第一に考えるのではなく、「国」という体制を維持することを第一に動く。最も立場の弱い障害者や老人などは虫けらのように殺されていくのは、戦争も原発事故も同じなのだろう。

橘さんは昭和十四年（一九三九）十一月二十四日、旧満州大連（現中国東北部遼寧省）で生まれた。ハルビン（現黒竜江省）で終戦を迎えた。旧ソ連軍が進出してきたのは、終戦からわずか数日後のこと。ソ連兵から逃れるため、各地を転々とした。

私は橘さんに聞いた。二〇一二年八月二十一日、橘さんの友人宅で。

――お父さんのお仕事は？

「父は南満州鉄道（通称、満鉄）に勤務していました。農家の次男坊で、食えないから大連へ行ったのだと思います」

――お母さんは？

「内地で結婚しましたが、日本の地震が怖くて父に同行して大連へ行きました」

大正十二年（一九二三）九月一日の関東大震災で、母の生まれ故郷の南相馬市小高も津波に襲われた。その恐怖感から地震の少ない中国へ渡ったのだと言う。

――終戦の日は？

「私は七歳で小学校に入っていました。父は会社へ行ってソ連軍に捕らえられました。しかし、父はトイレに行くといって、逃げたそうです。監視が厳しいなか、よく逃げたと思います。見つかれば、みんな銃殺されたと聞いています」

――引き揚げの記憶は？

「引き揚げたのは終戦の年の冬に入ろうとしていた、寒い日です。両親と叔母と私の四人でハルビンから徒歩で逃避しました。どこの港へ行ったか覚えていません。私は戦争のことを忘れようと思って戦後を生きてきましたから……。ただ、小さいリュックを背負って歩いたのは覚えています。そして漆黒の闇のなかを走る幌のない貨物列車に乗せられたことも覚えています」

そんななか、集団から離れると、匪賊《ひぞく》に拉致されると言われ、橘さんは空腹と疲労と恐怖に耐えながら必死で歩いた。満州に残されたのは弱い民衆だけ。寒さと暗闇のなかを命からがら逃げてきたのである。

浪江町に帰ってきた橘さんは、大学卒業後、福島県の浪江町で中学校の英語教師になる。県教職員組合中央執行委員として活動後、現場復帰し、二〇〇〇年に定年退職した。

＊放射線量の高い浪江町へ避難

――原発事故で浪江町は警戒区域に指定され、避難生活を余儀なくされました。

「国道一一四号線を車で避難しました。浪江町の津島というところです。終戦後、ハルビンから徒歩で逃げたときのことを思い出しました。ところが、後で知ったのですが、津島は最も放射能の線量が高いところでした。国からも東電からも連絡がないままに避難したのです」

原発で国から再び棄民にされた、この惨めさは言葉で言い尽くせないと彼女は言う。浪江町は福島第一原発のある双葉町・大熊町の北に位置する。沿岸部は大津波で崩壊。それに追いうちをかけて原発事故が町を襲った。

現在、福島県双葉郡六町二村のうち、四町に原発が計十基あり、東京電力の火力発電所のある広野町を除くと、発電施設のない町は浪江町だけ。なぜ、浪江町だけがないのか。

「それは一農民の戦いがあったからです。約十年間、闘い続けた結果、ついに原発建設を断念させたのです。私も署名活動にかかわりました」

浪江町は原発建設に反対し、原発を建てさせなかった町。東電に逆らった町だ。今回、浪江町は原発事故で放射能にひどく汚染されていたのに、東電から事故の連絡は一切、なかったという。

事故の収束も見えず、被災地への賠償が十分でない一方、東電は福島にある原発十基のうち、四基を今後、稼働させたいという。しかし、こんなことが許されていいのだろうか。

戦争と原発事故——。どちらも人間の生活や文化、土地、財産、そして豊かな自然をすべて奪い尽くす。橘さんは戦争も原発事故も忘れたい。しかし、忘れようとしても忘れられないという。

原発事故で警戒区域に指定されている浪江町で二〇一二年五月末、一時帰宅中の六十代男性が首をつって自殺した。その二週間後にも旧警戒区域の南相馬市で避難所から一人自宅に戻っていた五十代男性が亡くなった。

＊介護施設入所者の避難

橘さんの母・大井トシノさんも二〇一一年七月、九十二歳で亡くなった。認知症のトシノさんは震災当時、約百三十人の入院患者と院長が取り残された双葉病院（福島県大熊町）の系列の介護施設に入所していた。

避難は困難を極め、十時間以上に及ぶ移動で体力を消耗し、お年寄りが次々に死亡した。二〇一一年三月だけで入院患者と施設入所者を合わせて五十人が亡くなったという（『東京新聞』二〇一一年八月十二日付）。

これらのお年寄りたちは原発事故がなければ死なずに済んだ人たちだ。トシノさんもその一人だろう。

橘さんは言う。

「母は介護施設から会津若松の病院に避難していました。それまでしゃんと背筋を伸ばしていたのに、再会したときは別人のようにやせ細り、ベッドに寝たきりでした。母はどんなに辛かったかわかりません。原発さえなければ、もっと長生きできたはずです」

だが、トシノさんの死は震災関連死とされていないという。

「お墓にも入れてあげたいのですが、それも叶わないのです。だって、警戒区域で墓場にも行けないのですから」

私は橘さんの話を聞いていて、この国の福祉はいったいどうなっているのだろうか、と怒りを覚えた。

二〇一二年七月十六日。将来のエネルギー政策を決める政府の意見聴取会（名古屋市）で中部電力の社員がこう発言した。

「（福島原発事故で）放射能の直接的な影響で亡くなった人は一人もいない」

「原発さえなければ」と納屋に遺書を書いて自死した酪農家。いったい、どこに原発事故で死んでいない人がいるのか。事故によって避難を強いられ、そのために亡くなった人も多くいるのに……。

＊原発関連死の九割が七十歳以上

避難生活などで病状が悪化したり、自殺に追い込まれた震災関連死は復興庁の調査報告書によると、調査対象になった岩手、宮城、福島三県十八市町村の死者千二百六十三人の約九割が七十歳以上の高齢者だという。

死亡原因（複数回答）については、「避難所生活の肉体的・精神的疲労」が六百三十八人と半数を超えた。そのうち福島県内が四百三十三人を占め、東京電力福島第一原発事故が広範囲・長期間にわたり多数の住民を苦しめていることが判明したという（『毎日新聞』二〇一二年七月二十一日付）。

再び、橘さんの証言。

「ふるさとに帰れない、と泣く人も増えてきました。ささやかな幸せや何気ない日常を奪われた喪失感が心に穴を開けているのです。これが放射能汚染のせいでなければ何なのでしょうか」

戦争によって焦土と化した日本は戦後、奇跡の復興を遂げたといわれるが、本当にそうなのだろうか。高層ビルが立ち並び、地下鉄は分刻みで走っている。携帯もパソコンも車も新しいものが次々と生産されていく。物質的には豊かになった。しかし、それが「復興」なのか。

十四年連続、年間自殺者三万人超。先進国のなかでも群を抜いて高いという。「自殺」という理不尽な死を強いられて亡くなる。自殺は出口の見えない不況に洗われる現代の格差・高齢社会の縮図だ。この現実が奇跡の復興を遂げた社会の姿なのか。

「誰かを置き去りにしてでも効率最優先で進む社会は、自分や自分の大切な人が置き去りにされるリスクを孕《はら》んでいる社会である」（『世界』二〇一二年八月号）とは自殺問題に取り組むＮＰＯ法人ライフリンク代表の清水康之氏の言。

＊置き去りにしない社会を

社会の効率性や利便性ばかりを追求するのではなく、誰も置き去りにしない社会をつくる——。原発事故で被害が大きい浪江町や飯舘村、南相馬市を回ってみて思うことは、この一点である。

橘さんは３・11福島県民大会でこう話を結んだ。

「子どもたちは『お父さん、お母さんは戦争に反対しなかったの』と言ったように、『お父さん、お母さんは原発に反対しなかったの』と言うでしょう。放射能に汚染されているのですから、当然の質問です。……（中略）私たちは人類と共存できない核の原発はもうたくさん、いらないと声を出しましょう。地震は止められないけど、原発は人間の意志と行動で止められるはずです」

戦場に行った人も、国に残った人も、あの世代の人々が例外なく体験した戦争。何十年たっても忘れられない戦争体験。なかには目の前で肉親を失った、あるいは敵兵を殺したという、二度と思い出したくない人もいるにちがいない。

私は中国山東省済南市から引き揚げてきたという人に会うために福島県白河市を訪ねた。二〇一二年八月十九日。

その方の名は松木清秀さんという。大正十年（一九二一）四月生まれの九十一歳である。

松木さんは青年師範学校に合格したが、貧しい家計を考えて国鉄に入社した。常磐線の仙台〜平間を乗務していたが、昭和十七年（一九四二）一月、鉄道隊員として北京の鉄道連隊に入隊。支那派遣軍装甲列車隊の情報作戦要員として参加した。

＊日本人女性六人が裸体で死んでいた

終戦を徐州で迎えたが、ソ連軍が侵入してきて、昭和二十一年（一九四六）二月十五日まで戦う。済南市に残された装甲列車隊は武装解除され、青島（中国山東省）に向かって歩いていたところ、三日後、異様な光景を目にした。

青島の入口に日本人女性六人が裸にされて死んでいた。強姦されたらしい。また白骨死体が散乱していた。歩けなくなった老人にも会った。老人は「私はまもなく死ぬが、せめて県人の方がおりましたら、この紙を届けてください」と住所と名前を書いたものを差し出しながら息絶えた。

飲まず食わずの行軍を続けた松木さんたちは三月末、やっと青島に着き、四月九日に乗船して中国を離れ、同月十九日、佐世保港に着いたのである。

実家のある双葉町に帰ってきたのは、同月二十三日。国破れて山河あり。戦争で敗れた町はすさんでいた。松木さんはC級戦犯とみなされ、公職追放で国鉄に復職できなかった。しかし、松木さんは町役場に雇ってもらって、教育委員や福島県社会福祉協議会役員、町誌編纂《へんさん》副委員長などを務めた。

松木さんは、まぎれもなく戦争のなかで育ち、戦局がどんなに不利が伝えられようと、日本が負けるとは夢にも考えていなかった。当時、日本人の誰もがそう信じていた。しかし、日本は戦争に負けた。

負けた途端に、周囲の様子が一変した。日本に引き揚げるまで中国の山東省済南市にいた松木さんは、支配者が囚人にされるというどんでん返しの体験をした。

「日本人のくせに」

中国人から吐き捨てられるように言われた。立場が逆転したとき、人間はどんな態度に出るのか。松木さんは、そのときの恐怖と怯えをいまも忘れない。

「誰かが悪いのではありません。戦争が悪いのです。私たちのような不幸は二度とあってはなりません」

戦争体験者の高齢化が進むなか、自身の戦争体験の悲惨さと平和の尊さを伝えていきたいと松木さんは願う。

＊三号機の爆発音を聞いた

九十歳を迎えて、「やっと良き人生を」と思った矢先に原発事故が起こった。双葉町の自宅は福島第一原発から約六・五キロ。二〇一一年三月十四日、三号機の爆発音を聞いた。

「B29の爆撃のような、すごい音でした」

松木さんは放射能に追われて転々とした。双葉町から西郷村にある「国立那須甲子青少年自然の家」へ避難した。ところが、妻の愛子さん（八七）が発病して、白河市の病院から東京・大森の日赤病院に。続いて相模原、横浜の病院へ転々とした。娘の介護を受けながら避難から二百日以上すぎ、やっと長男（五八）が住む現在の白河市の仮設住宅に落ち着いたのは同年十月十七日だった。

＊『避難放浪記』望郷の山河を短歌に

松木さんは転々としている間、短歌や詩を詠《よ》んだ。その作品を福島県いわき市に避難している友人に読んでもらおうと思って、約二十点の作品を送った。すると、二〇一二年二月初め、十六ページの小冊子に仕立てて送り返されてきた。松木さんは『避難放浪記』と題名をつけた。その『避難放浪記』は、ふるさとや原発への思いを綴《つづ》っている。

たとえば、放射能への怒り。

「放射能の散逸は今日いまだ収束を知らず、吾が家を去りて已に幾星霜、寒風の中残雪を踏み、酷暑、熱風に耐えて避難の地を転々と移動す」

この詩は横浜で避難していたときにつくったものだ。また『避難放浪記』はふるさとへも向かう。

「はるかに故郷、双葉の空をあおぎて想い起せば　春はらんまんと咲く前田川の桜花を楽しみ、夏が来れば青松白砂の双葉海岸に遊び　秋は又紅葉の美をほこる阿武隈の山並をながめる　今卒寿を過ぎし吾が人生は放浪のつらさを知り、さらに時の流れに翻弄《ほんろう》されし避難の身のはかなさよ」

原発事故のために、わが家に帰れず、ふるさとが恋しく、この思いを詩に託したのである。

いま、松木さんは東北三名城の一つ、小峰城（福島県白河市）そばの仮設住宅で、妻の愛子さんと暮らしている。松木さんは双葉町に住んでいたころ、公民館の歴史教室の講師を務め、小峰城跡を何度も訪れていたという。

そうした縁から松木さんは二日に一度は小峰城跡に足を運び、大きく崩落した石垣の様子を見て回っている。震度六強。約二キロ残る石垣は九カ所で崩れ、さらに余震で一カ所崩れた。数千個の石が落ち、土がむき出しになった。

松木さんは「城を枕の武士達が血しお染めし石垣は地震のためにくずれ落つ」(「ああ小峰城」)という詩も詠んだ。松木さんはいつ帰れるかわからない。しかし、自分たち双葉町民の生活再建の日を城の再生に重ね合わせているのだろう。

*「漫画展　中国からの引き揚げ~少年たちの記憶」

ある展覧会に心を惹きつけられている一人の老人がいた。「漫画展　中国からの引き揚げ~少年たちの記憶」(二〇一一年一月二十八日、原町中央図書館・大会議室)――。

「満州での生活のことも、敗戦による日本への引き揚げの様子も、本当にこの『漫画展』の一枚一枚の絵と全く同じで、私は同様の体験をしてきました」(会報誌『九条はらまちNo.162』)。その老人はこう語る。

彼の名は南相馬市原町区大町に住む青田誠之《ただゆき》さん(七五)という。

この漫画展は日中友好協会が創立六十周年記念企画として催したもので、いまも各地で開かれているという。ちばてつや、森田拳次、石子順、赤塚不二夫ら十二人の漫画家の代表作が飾ってあった。中国東北部の生活から引き揚げ列車、引き揚げ船、子どもを守る父と母の力……。漫画は引き揚げの日々を浮かび上がらせていた。

青田さんは赤塚不二夫の絵の前で釘付けになった。お母さんのリュックサックに不二夫がしっかりつかまって、その不二夫に妹の寿満子がつかまって、綾子を背負った寿満子に宣洋がつかまって歩いている絵だった（中国引揚げ漫画家の会編『少年たちの記憶』）。

「この絵は、まるで自分が当時に戻ったような錯覚を覚えました」

お腹に赤ちゃんがいたお母さんのリュックサックにつかまっている七歳の誠之さん、一歳の弟を背負った妹……。この絵はまさに青田さん一家が引き揚げるときの情景なのである。

＊引き揚げの途中、二人の弟が死去

ところが、青田さん一家は引き揚げる途中、お腹の赤ちゃんは生まれてすぐに亡くなり、また同時に妹に背負われていた一歳の弟も死んでしまう。お母さんの乳も出ず、食糧もなくてみんな栄養失調で死んでいったのである。

食べ物もなく死んでいった、それら日本人の遺体は満州の広い畑のなかに掘られた大きな穴に埋められた。青田さんの死んだ二人の弟も離れ離れに埋葬されてしまった。

森田拳次の引き揚げ列車の絵の前でも、青田さんはじっと目を凝らしていた。

「どこの駅から乗ったかはわかりませんが、森田拳次さんの絵とまったく同じで引き揚げ列車は船の出る葫蘆《ころ》島まで行きました」

その列車は屋根のないもので日本人がびっしりと乗っていた。時々、列車は止まり、野宿したこともたびたびだった。葫蘆島にたどり着くのに数カ月かかったらしい。満州の南端の港・葫蘆島に引き揚げ船が待っていた。青田さんの話は続く。

「ちばてつやさんの引き揚げ船の絵と同じで、私たちが乗った船はとても大きな貨物船でした。アメリカの船で底が平らでした」

青田さん一家は船底で過ごした。東日本大震災の避難所みたいに、みんな布団を並べて……。隣には両親のいない小学生の姉妹がいた。しかし、栄養失調で二人とも死んだ。口や目や鼻からウジが出ていた。そして白布に包まれて海葬で海に投げられたという。

四日間ぐらいで佐世保港に着く。生まれて初めて見る日本の美しさに声をあげた。

「ワァー、きれい！　緑に包まれた山々とさつまいも畑は本当に美しく大変感動したことを覚えています」

青田さんの体験手記は続く。

――「昭和二十年八月十五日、終戦。小学二年生で七歳だった。日本の敗戦とともにソ連軍が侵入してきて、日本人の男をシベリアの労働力にするためトラックに強制的に乗せて連れ去った。

父もトラックに乗せられ、そばにいた自分も一緒に乗った。しばらく走ってから『子供はいらない』と言われ、トラックから降ろされた。幸い、父はすぐに解放され、家族と合流した」――もし、この時、トラックから降ろされなかったら、どうなっていたか……。

ソ連参戦後の逃避行中に多数、惨死した例は多い。凍死や栄養失調で、あるいは銃殺で。シベリア抑留者は、厳寒の環境の下で満足な食事や休養も与えられず、苛烈な労働を強要させられたことによって多くの日本人が死亡した。

アメリカの研究者ウイリアム・ニンモ氏によると、確認済みの死者数は二十五万四千人、行方不明・推定死亡者は九万三千人で事実上、約三十四万人の日本人が死亡したという（『検証―シベリア抑留』平凡社新書）。

＊国家による「棄民」

私は、この青田さんの証言を読んでいて、国家による「棄民」について考えた。現在も、過去とはちがう形態であれ、国家が国民の一部を「見棄てる」事態は繰り返されているのではないのか。いや、それは現に起きていることではないのか、と。原発事故の被災者を見よ。いつ帰れるか、いまだに逡巡しているではないか。

第八章
特攻とフクシマ

生命を賭けた若い航空兵たち

＊俳誌「はららご」を主宰

少女期戦争老いて震災浅蜊《あさり》汁

その句をつくった俳人の声は、きれいに透き通っていた。福島県南相馬市の居宅。八牧美喜子さん（八四）は約束の時間に待っていてくれた。二〇一二年十一月二十五日午前十一時。

まず、原発事故の「責任」の所在を問う私の質問に対して、張りのある声で言い切った。

「四十年前でしょうか、原発が近くにできるというので、医師会や薬剤師会は大反対しました。わが家は薬局でしたので、もちろん反対運動に参加しました。しかし、まさかこんな事故が起こるなんて、考えてもみませんでした。絶対安全と言われていましたから。東電は技術に自信を持って、まあ大丈夫だくらいに思っていたんじゃないですか。それと、その安全神話づくりに協力した政治家、官僚、マスコミの責任も大きい。この事実をごまかしてはいけません」

八牧さんは平成四年（一九九二）に創刊された季刊俳誌「はららご」を主宰。全国に多くの会員がいる。「人間万事塞翁《さいおう》が馬」――粘り強い東北人の特質をたたえ、気力のある作品を発表し続ける俳人。句作を通じ、地方の有り様と風物、人間を見つめてきた。八牧さんは高度成長期の終わりに、こんな句を残している。

子の減りてかまくらに子のひとりなり

恐らく秋田県横手市を訪れたときの句だと思われるが、「かまくら」は四百年以上の歴史を持つ。いかにも雪を楽しむ雪国ならではの光景である。

「昔は大勢の子どもたちが『かまくら』のなかに入って、甘酒、御餅、豆餅、いぶりがっこなどを食べていましたが、いまは子ども一人がなかに入ればいいほうです。少子高齢化の未来は荒涼たる地球になるだろうということです」

震災による死者は一万五千八百八十人、行方不明者は二千七百人（二〇一三年一月三十日現在）。未来に楽しいことがいっぱいあったはずの子どもたち。子どもたちのためにもっと生きなければならないと必死に働いていた親たち。それが突然、命を絶たれたのである。

私は酷《むご》い死に方ですね。殺戮《さつりく》死のようなものですね、と問いかけてみた。

「津波は天災とはいえ、人間の尊厳を奪い去りましたから、確かに殺戮死かもしれませんね」

殺戮死をもたらした当事者は戦争の場合は人間であり、今回は津波と原発ということになるのだろう。

震災直後、町を出ると、すぐ田のなかに津波によって横たわる船の異様な情景。放射能で窓を開けられず、夏なのにマスク姿の人々。公園に行くと、がれきの山……。戦争でも大きな衝撃を受けたが、今回の津波、原発事故もそれと同じくらいの恐怖だったと、八牧さんは言う。

＊宮城県・笹谷峠で迎えた終戦

八牧さんが敗戦を知ったのは宮城県の山奥、笹谷峠の村だった。十六歳。同齢の友は勤労奉仕に通学していたが、病弱な八牧さんは祖母と、仙台空襲で焼け出された幼い従弟たちと疎開して一カ月目だった。

裏の河原に行くと、夏の日は燦々《さんさん》と照り、川水はいつものように流れていた。

「アメリカ兵が占領にくれば、娘たちはいじめを受けるかもしれない」

八牧さんは怖くて死のうと思った。蝉の声が聞こえた。川のせせらぎの音も聞こえた。しかし、「死」——それは戦時中に感じた「死」とはちがっていた。戦時の死はみな一緒であり、国難に殉ずるという意識があったが、いまは戦いに敗れ、誰のためにもならない死ではないのか。そう思うと、涙がとめどなく流れた。

占領は順調に進み、死なければならない事態は避けられた。しかし、それからの人生は怒濤《どとう》の如き日々だった。いままで教えられたことはすべて偽りと知らされ、愕然《がくぜん》とする。

「でも、いくらあの時代を否定されても、あの時代を信じ、懸命に生きて死んだ人を非難することはできません」

＊特攻隊員との交流

八牧さんが育った原町（現・南相馬市）には戦時中、陸軍航空隊があった。昭和十九年（一九四四）夏、戦況は悪化し、航空兵は次々と戦地に赴き、秋には特攻隊員として征《い》った。

「海辺に立つと、長い藻のゆらぐ間に海に散っていった人々が、目をつむり横たわっている幻影が浮かぶのですよ」

太平洋の荒波は変化に富み、紺青の色が明るくしてくれる。その幻影は戦時下、南の島に〝いのち〟を散らし沈んでいる航空兵の面影だったのだろう。

航空兵との交流もあった。八牧さんは、航空兵との交流を綴《つづ》った本を平成八年（一九九六）八月十五日、出版した。『いのち—戦時下の一少女の日記』（白帝社）である。以下、その本を参照させていただく。

八牧さんは食糧不足のときでも航空兵にご馳走をつくり、もてなした。あるとき、彼らは夜を徹して踊り明かした。

♪郡上のなあ　八幡出てゆくときは　ヤンレセ雨も降らぬに袖しぼる……

哀愁を込めた、この盆唄の歌詞（郡上節）にどんな悲話が秘められているかはわからない。一度、八牧さんはこの町（郡上）を訪ねて、聞いてみたいと思ったが、果たせなかった。

「しかし」と八牧さんは語る。

「その歌は、太平洋戦争末期、原町の飛行場にきていた多治見出身の航空兵が唄っていた盆唄です。しみじみと胸に染み、いまも思い出されます」

すでに、そのころ日本は敗戦の色濃く、航空兵は皆、特攻隊要員として死を覚悟していた。「雨も降らぬに袖しぼる」——。彼らはふるさとを出てきた日、降らぬ雨に瞳を濡らしていたのだろう。

＊隊員たちの真心の手紙

特攻——。再び還ることのできない出撃を前に、特攻隊員たちは真心のこもった手紙を書き残した。両親への感謝、幼い弟妹への気遣い、この国への思い……。隊員たちの無垢な思いがあふれていた。

次の句は昭和四十三年（一九六八）の作。

生く限り秘む文古び鳥雲に

八牧さんは原町飛行場で厳しい訓練に明け暮れていた若い航空兵たちと交流を深め、その時々のお手紙を桐の手箱に納めて箪笥《たんす》に秘めていた。彼らは昭和十九年（一九四四）秋、特攻隊員として戦地に馳せ参じた。ある人は満州（現中国東北部）へ、ある人はフィリピン沖へ。

どの人も自分たちが亡き後も新聞、映画に戦果を称えられて、いつまでも人々の胸に生き続けると信じて征った。「新聞を見てくださいよ」と口々に言った言葉が、八牧さんの脳裏にありありと刻まれていた。彼らの、ある手紙。

「一切の情を排して、明日突入。長い間色々有難うございました。では元気で征って参ります」

彼らは凛々しく自分を誇り、国を愛し、わが命とひきかえに敵艦攻撃の使命に燃えていた。もちろん、迷いも哀歓もなかったわけではない。特攻隊員を見送りに行ったときの、近所のおばさんとの会話。

「ねえ美喜ちゃん、あんなに男の人が涙を流しているの見た事なかった。顔に帽子をのせて飛行場の草の上に寝てたけど、帽子の下から涙が流れて流れてね。かわいそうだったよ」

比島へ発《た》つ人を見送る十五歳の少女(＝八牧さん)の悲しみと愛情が伝わってくる。

しかし、8・15敗戦を迎えて世論は一変した。特攻隊員は異常な人間であるかのように言われ始めた。生命を賭けて日本を守ろうとしたのに、国民から罵《ののし》られようとは……。なぜ、生命を賭けた行為が罪悪とまで言われなければならないのか。

満州で特攻命令を受けて、敗戦でかろうじて生き残った主人に頼んだ。

「この手紙は私が生涯、大事に持ち続けます。死んだら私の柩《ひつぎ》に納めて一緒に焼いてください」

そして、つくった句が「生く限り……」である。

二十歳前後で生命を終えた若者の記録を残してあげたい。残った書簡、日記、生存者の証言をまとめて鎮魂の書としたい——。

昭和四十六年（一九七一）八月十五日、原町飛行場を見下ろす丘の上に、航空兵たちの魂のよりどころ、慰霊碑が完成した。その慰霊碑建立から五年後に出た小冊子『秋燕日記』。秋の燕が南に去るように昭和十九年秋から比島へと次々と去っていった若者たちを惜しんでつけた題である。秋の燕は春には古巣に戻ってくる。しかし、南へ去った航空隊編隊はついに戻ってこなかった。

阿武隈の山霧にぬれ秋燕

この句は昭和五十一年（一九七六）九月の作。

「自らの使命に悔いはなかったとしても、別離の情は深かったにちがいありません。多感な青年たちを思うと、本当にかわいそうで、かわいそうで……」

八牧さんは原町の航空隊戦死者の碑を守ることを生涯の仕事にしたいと語った。

＊現代の「ノアの方舟」

ふるさと。原発で故郷を奪われた南相馬市の人たち。市民にとって、その故郷はいつもより深い意味を持つのかもしれない。しかし、そもそも「故郷」とは何なのか。馬鹿な質問に聞こえるかもしれないが、福島の事情を把握するには重要である。

演歌や詩歌には、ある特定の山、川、谷、あるいは森を歌う場合が多い。しかし、3・11以後、田舎の集落から、それらの自然が失われた。美しい自然と離れ離れになってしまった。故郷を愛すると言うのは簡単である。しかし、放射能汚染はどこまで我慢できるか。

3・11以前、子どもたちは爺ちゃん婆ちゃんと一緒に暮らすのが当たり前だった。しかし、いまはバラバラになっている家族が多い。私は八牧さんに福島第一原発が爆発したときのことを聞いた。

「水素爆発が福島第一原発の三号機建屋で起こった数時間後、南相馬市の住民は皆、避難しました。しかし、私は足が悪く、歩けないし、主人も同じように不自由でしたので、家から外へは出られませんでした」

震災から一週間後の三月十七日の夜、市役所から「明朝最後の避難バスを運行するから、自己避難のできない者は準備をして八時までに集合せよ」という指示があった。しかし、八牧さんは拒否した。

「南相馬市の避難民を乗せた何十台ものバスは町を去っていきました。その姿は、現代の『ノアの方舟』のように見えました」

＊怖い真っ暗闇の世界

当時、八牧さんの住んでいる南相馬市原町区は警戒区域に指定され、住民のほとんどは自宅から逃げ、残されたのはペットや家畜だけ。どの家にも明かりはない。街灯もない。何から何まで真っ暗闇。

「光のまったくない夜、主人と妹と私の三人が家のなかにいましたが、とても怖かったです。しかし、神様は私たちに試練を与えました」

それは放射能という名の試練。そのとき、詠んだ句。

避難せる隣家眞暗いなびかり

隣家が避難を余儀なくされて何カ月もたっているのに、明かりのない真っ暗な家が稲光に映し出されるたびに寂しさと不安を感じたのだろう。原発被曝《ひばく》によっていままでの平和な生活がすべて失われ、被曝を避けて故郷を離れなければならない思いが痛いほど伝わってくる。その試練をどう乗り越えるか。

「私は美しい自然や事象を詠むのが俳句文学と思ってきましたが、災害も自然現象。同じく詠み残すべきかもしれません。そう考えると、この災難に作句で立ち向かう勇気が生まれます」

窓を閉ざして外出もほとんどすることなく、半年がすぎたころ、八牧さんの目に映じたのは、避難しているどの家の庭も、木々は茂り草は伸び、いつもの年とちがっていた。八牧さん自身も、いま住む家に越してきて二十年近くなるが、なぜか蝶が多く飛んできた。夏、はじめて郭公《かっこう》が訪ねてきた。そのときの句。

放射線害知らぬ小鳥の木の実食ふ

俳句には日本人の美意識があるといわれている。この句の季語は「木の実」。放射能汚染を知らずに木の実をほおばる小鳥たちの自然な動きを、俳人は素晴らしい感受性で詠んだ。放射線害知らぬ小鳥たち——。「かわいそうに」と言って、八牧さんは言葉をついだ。

「私たちは何もかも失った戦後から、ひたすら這い上がろうとしてきました。高度成長期に物が出回り始めると、がむしゃらに手に入れました。テレビ、洗濯機、冷蔵庫、炊飯器……。一時は満たされても、私たちは便利さを選んでしまったのです」

肥大化した物欲。それは八牧さんのみならず、この国の戦後の姿ではなかったか。さらに俳人は言葉をついだ。

「その欲を際限なくふくらませたのが、原発だったんじゃないですか。その結果、小鳥たちの命をも脅かしてしまったのです」

＊原発事故は自然からの警告

福島第一原発から三十キロ圏内に住む八牧さんの次の句は重い。

火を創るは神の領域萬愚節

スイッチを押せば、いつでも電気が通じ、灯がともる。それを当たり前のこととして私たちは生活している。いつの間にか便利な生活に慣れ、際限なく欲求を伸ばしてきた。その結果として、原発事故が起こった。

「今回の原発事故は自然からの警告ではないでしょうか」

火を神として崇めた時代は長い。原子力は人間がつくったものだ。文明という美名に隠れて、制御できる保証が何もないままに、とんでもない過ちを犯した。

「萬愚節」とはエープリルフール、四月一日は軽いいたずら程度のことで嘘をついても咎《とが》められない。自戒の念がこもっている句である。原発推進派の人たちは経済成長のために原発は必要だという。しかし、成長のあとに残ったのは格差と失業、年間三万人以上の自殺者。

また原発を止めれば、停電するという。しかし、いま、福島第一、第二原発は稼働していないのに、電気は足りているではないか。要するに、原発を止めて困るのは政官財の一部の人たちだけ。彼らの利害のために福島第一原発から撒《ま》き散らされた放射性物質によって、何十万人が生活の場を追われ、食の安全が脅かされているのだ。

「私たちは便利さの欲望を捨てて、元に戻す生活をしなければなりません。焼き魚は焼き、煮魚は煮るという生活に戻しても不便は感じませんから。食器も手で洗えばいいのです」

俳誌「はらご」会員は全員、無事だったという。しかし、会員のなかにも大震災や原発事故で避難を余儀なくされた方々もいる。その方々の句に八牧さんは思いを寄せる。同人評「雑詠に学ぶ」。たとえば、紺野英子さんの次の一句に対して。

あの山の陰にふる里流れ星

紺野さんは福島市の娘さんの近くに避難された。福島市は南相馬市原町区から阿武隈山脈を越えたところに位置する。あるとき、南相馬市を恋しく思い、山を眺めることもあったのだろう。

また、高野美子さんの次の句に対して。

東京の遠のきてゆく十三夜

旧暦の九月十三日は、日本では古くから秋の名月を鑑賞する風習がある。南相馬市は福島第一原発から三十キロ圏内。避難して若者のいない町となった。電車は南北ともに不通、いつ開通するか見通しも立っていない。何年後になるかもわからない。東京は遠い。しかし、文化や芸術に触れようと上京した日々。もう懐かしい句友とも会えなくなってしまった東京を思い、寒さが近づいてゆく十三夜の月を見て、さぞ心細さが募ってきたのだろう。

＊日本人の冷静さに世界は驚いた

津波に呑まれた南相馬市は戦争末期、破壊されたわがふるさと・原町の光景と重なった。避難所で炊き出しの温かいおにぎりを食べる被災者の姿は、祖母の疎開先だった宮城県の山奥にたどり着き、涙を流しながらご馳走になった記憶が蘇《よみがえ》った。

震災の爪痕も生々しい被災地で、日本人が冷静さを保っていた様子に世界は驚いた。略奪行為も見られない。支援物資に向かって殺到する群衆もいない。我慢強さを支える一番の要素――それは、「自分より、または、自分たちよりひどい目に遭ってる人がいる」という思いであったと、米国ミネソタ州出身の社会学者チャールズ・マクジルトン氏は書いている（『東日本大震災の人類学』人文書院）。彼は日本に長く滞在し、二〇〇二年、非営利団体「セカンドハーベスト・ジャパン」を設立。現在、理事長。

配給された物資を「もっと困っている人に回して」という被災者。ボランティアの手伝いをする子どもたち――。八牧さんはそうした姿を見て、「家を失っても船を失っても、懸命に立ち上がろうとする市民のたくましさを知りました」と言う。

＊兄が特攻隊で戦死

私は八牧さんの取材を終えて、地元のアマチュアカメラマン、大槻明生さん（七九）に案内していただき、向かったのは南相馬市原町区馬場に住む志賀五三三《いさみ》さん（八三）宅である。彼の兄の三男・敏美さんが昭和十九年（一九四四）十一月六日、フィリピンのルソン島沖でアメリカ軍艦に突撃して、戦死したという話を聞くためである。

南相馬市原町区の夜の森公園にある海軍少尉・志賀敏美之像の銘板の碑文には、こう書かれていた。

特攻隊員が次々と戦地へ赴いた原町飛行場跡（南相馬市原町区）

一、昭和十八年三月二十六日海軍飛行予科練習生三重海軍航空隊十五期修了
一、昭和十九年一月二十七日徳島海軍航空隊第三十一期戦闘機操縦専修科卒業
一、昭和十九年同月同日第一機動艦隊第三艦隊中部太平洋海域戦線進行
一、昭和十九年十一月六日特攻隊ノ直掩隊トシテマバラカット東基地ヲ発進シ敵艦ニ突入
享年二十

太平洋戦争の開戦から三年の昭和十九年、日本軍は追い詰められ、太平洋の諸島では玉砕を強いられていた。志賀さんの家では長男の多男《かずお》さん、次男の英勇《ひでお》さん、三男の敏美さんが召集され、家に残っているのは両親と四男の五三三さん、妹の四人だけ。

特攻――。海軍では「零戦」などで、二百五十キロ爆弾を抱えて米軍艦隊に体当たりする方式。敏美さんの場合、この海軍「零戦」だった。陸軍では「隼」などの飛行機が二百五十キロ、または三百キロ爆弾を抱えて突入。そのほか、人間魚雷「回天」のように水中からの特攻もあった。

昭和十九年（一九四四）十月十日、大分駅からマル秘の発信で「カエルマデマテ」の電報が届いた。敏美さんからだった。しかし、それが最後の音信になった。

家族は戦局を伝える新聞記事だけが頼りだった。父・豹象《ひょうぞう》さんは息子たちの安否を気遣って、毎日、ラジオや新聞に目をこらした。

昭和十九年十一月六日、第四神風特別攻撃隊零戦隊の敏美さんが戦死した――。しかし、その戦死を家族が知ったのは七カ月後の二十年六月九日だった。その日の明け方早くから父と五三三さんは田んぼの代掻《しろか》きをしていた。

そこへ志賀さんの二軒隣の遠藤七兵衛さんが「豹象おじさん、新聞に敏美君の名前が出ている！　特攻隊で戦死だって！」と新聞を抱えてとんできた。父は顔色ひとつ変えることなく、泰然と「そうか、やったか」とだけ言って、また仕事を続けた（会報誌「九条はらまち」No．134）。

私は、そのときのことを五三三さんに尋ねた。

「父は、私の子であってもお国のため。私の子ではないような気がしていました。でも、父は心中、悲しみでいっぱいだったのでしょうが……」

敏美さんは十七歳で志願した（とはいえ、ほとんどが命令に近いものだった）。両親、故郷、日本を愛するもののために死ぬと宣言して、敵艦に向かって行ったのだろう。五三三さんは語る。

「『カエルマデマテ』と電報をくれたから、きっと家に帰りたかったのでしょう。両親にも会いたかったにちがいない。それが叶わずに、本当に切なかっただろうなあ」

こう言って、五つちがいの弟五三三さんは目を潤ませた。しばらく、シーンと静まり返った。そしてまもなく、涙声で言葉をついだ。

「家の周辺にはいつも軍人がいて、いつしか、私も彼らに憧れるようになりました。昭和二十年、平市で行われた陸軍少年飛行兵採用試験を十四歳で受けました。しかし、終戦となって入隊することはありませんでした」

志賀さんの家は原町飛行場の正門から五百メートル。道路は整備され、沿道には柿や桑の木などの木立が並んでいた。江戸時代から肝いりをつとめた大きな農家だったので、飛行場警備隊の宿舎に割り当てられた。そのころの思い出は？

「十数名の兵士が四、五台のトラックに乗せられて、やってきましたよ。彼らは北海道から鹿児島まで広い範囲から召集されました。兵士たちはわが家の座敷の七つの部屋に寝泊まりし、昼夜を分かたず頻繁に出入りしていました。夜になると、蚊帳のなかで、郷里や家族のことを話し合って、すすり泣く様子も耳にしました」

部屋の奥の一室には、戦死した兄の「神風特別攻撃隊零戦隊海軍少尉　志賀敏美」と明記された祭壇と遺影が置かれ、戸締まりされていた。

「お国のためとはいえ、まだ若すぎた死。何でこんな戦争をしなければ……」と胸がつぶれる思いがしたという。さらに五三三さんは語気を強めて言った。

「自分を捨てて人のために死ぬ青年が実在したことを若い人に知ってほしい。二度と特攻隊員をつくってはなりません」

案内してくれたカメラマンの大槻さんは隣に座っていて、大きくうなずいていた。

「国を守る特攻隊員の思いは、時代を超えて理解できます」

軍国主義の教えを背に、日本は六千人といわれる若い命を組織的な特攻で失った。原町飛行場で育った陸軍航空兵の多くも特攻隊員として命を落とした。

「命を落とす」。それは戦時だけでなく、福島第一原発事故にも当てはまる、と五三三さんは指摘する。

「原発は絶対安全だといわれてきました。しかし、命にかかわる事故が起きました。取り返しのつかない大変な事故です」

私は志賀さん宅を辞して、大槻さんに案内されて原町飛行場跡を見て回った。グラマン機の銃弾跡が残る石柱、第三格納庫の基礎コンクリート……。戦争の傷痕を見て、私は思った。それは戦前も戦後も日本の構造的システムは何も変わっていないのではないか、と。

特攻と原子力発電の共通点は何か――。

その第一は双葉町と大熊町にまたがって存在していた特攻隊基地の磐城飛行場（長者ケ原）と福島第一原発の立地条件は人口密集地と大きく離れた過疎地にあること。「危険性を遠ざけたい」「知られては困る」という軍部と東電の発想は極めてよく似ている。

第二は権力構造。権力を一手に握る少数の職業軍人集団と東電の非人間的体質――前者は特攻隊員を前線に送り出して、自分は安全な場所に居座る。後者の東電の場合、放射性被曝の危険性が高い現場を下請け企業に丸投げしている。その両者の構造はそっくり。偉い人の健康と命を守るために、特攻隊員や下請け作業員を使い捨てにしているのである。

旧日本軍の持っていた「人間の使い捨て」の思想と、システムとして原発が持っている病理は、まさに同根である。ポツダム宣言受諾で解体されたはずの旧日本陸海軍は、それぞれ東電や保安院に名称を変えて、いまだに解体されていない。

第三は旧日本軍の腐敗した階級社会の非人道的縦割り構造と、東電の無自覚、無責任なエリート組織は一致している。原発事故という未曾有の国難を招いた東電が、旧日本軍のように解体されず、依然として絶対的権力を握り続けていることは、驚くべき事実だ。いまからでも遅くはない。責任の所在と事実関係を明らかにすべきだろう。同じ悲劇を繰り返さないためにも。

第九章

原町空襲と福島第一原発

I　わが町わが村の〝私たちの戦争体験〟

＊南相馬市の、とある詩人

二〇一一年十一月九日、私は南相馬市へ飛んだ。詩人・若松丈太郎さん（七九）に会うためである。

南相馬市は二万二千七百世帯、六万六千三百人が暮らす町だが、ほとんどの店は閉まっていた。時計の針は午後三時を回っていた。原ノ町駅近くの自宅で一時間ほど話を聞いた。

彼の生まれは岩手県だが、福島大学で学んだことや妻が南相馬市出身ということから、相馬市の相馬高校、原町区の原町高校、小高区の小高農工高校などで国語教師として、多くの若者たちに日本語の魅力を教えてきた。

また、相馬出身の埴谷雄高《はにやゆたか》と島尾敏雄の両作家やドキュメント映画監督・亀井文夫の業績を地元の人々に紹介するなど他の人が顧みない仕事もやり続けている。

その一方、彼は一詩人として南相馬市から二十五キロに位置している福島第一原発の問題点を追及してきた。一九七一年に発電を開始してから今日まで原発の技術的な危うさと、その管理運営の問題点を告発し、警告してきた。彼は自著『福島原発難民』（コールサック社）にこう書いている。

「詩が時代を告発する役割を担っているものであるとするならば、詩人はことばをもってこの核状況を撃つべきであろう。詩によって福島県〈浜通り〉の地域的な問題を世界の普遍的な問題に重ねることが可能となるのである」

また詩集『ひとのあかし』（清流出版）にはこううたっている。

「ひとは作物を栽培することを覚えた／ひとは生きものを飼育することを覚えた／作物の栽培も／生きものの飼育も／ひとがひとであることのあかしだ／／あるとき以後／耕作地があるのに作物を栽培できない／家畜がいるのに飼育できない／魚がいるのに漁ができない／ということになったら／／ひとはひとであるとは言えない／のではないか」

東日本大震災が起こり、福島第一原発の六基のうちの四基に冷却機能が失われて一号炉、三号炉、四号炉が水素爆発で建屋が破壊された。また汚染水が海に漏れ出して、日本はもとより世界に衝撃を与えた。

若松さんは事故を隠し続けてきた国や東電の体質から、いずれ福島原発もチェルノブイリのようになり、南相馬市周辺にも放射能が降り注ぐだろうと警告してきたのである。

＊人々の暮らしを分断

――緊急時避難準備区域に指定されたとき、どんな思いでしたか。

「私たちは、弟が得た情報によって自主判断し、三月十五日早朝、福島市の妻の姉の家に避難しました。同日午前十一時に屋内退避指示が出されました。しかし、南相馬市は独自に全市民に対して市外への避難を勧めました。問題は人々が当たり前に暮らしてきた生活が分断によって成り立たなくなったことです」

怒りを抑えながら、若松氏は冷静に語る。

「透析をしていた私の同僚は、透析を続けられなくなって亡くなりました。また仮設住宅に住んでいた老人ですけれども、ストレス（心的障害）で突然亡くなられた人もいます」

三月十五日、南相馬市原町地区が屋内退避圏に入ったことから、希望者を市外へ避難誘導した。その際、原発近くや地震・津波被害が甚大な地域を避けるため、多くの住民が飯舘村・川俣町方面に避難。放射性物質の飛散方向と重なったのに国からの指示はなかった。

――国と東電に対して、どう思われますか。

「住民は当初、比較的冷静に対処していました。しかし、政府は住民のパニックを恐れて放射線量の高いところは発表しなかった。まったく知らされていませんから、放射線量の高い浪江町の津島に避難した住民も多くいました」

三月十二日早朝、福島県浪江町は政府の指示を受け、役場機能を町北西部の津島地区に移転し、町民を津島地区や福島第一原発から半径十～二十キロ圏に避難させた。

しかし、身を寄せた同町津島地区が実は、放射性物質が降り注ぎ、放射線量が高かったと、あとになってわかった。震災から四日目の十四日午前十時四十分。放射性物質の拡散を予測する機関「原子力安全技術センター」から外務省北米局日米安全保障条約課の外務次官、木戸大介ロベルトにメールが届いた。

ＳＰＥＥＤＩ（スピーディ）。放射性物質の流れ方を予測するシステムである。しかし、このＳＰＥＥＤＩの情報は首相官邸に届かず、住民避難に生かせなかった。だが、米軍は早々とメール一本でそれを取り寄せていたのである（『朝日新聞』二〇一二年一月三日付「プロメテウスの罠」）。

結果的に放射性物質が飛散した方向と重なり、住民は外部被曝《ひばく》したのである。

＊権力は巧みに争点をすり替える

「危険なら、当然避難指示があると思っていたのに、これでは住民は見捨てられたも同然ですよ」

若松さんの憤りを聞いていると、戦争中の構造に驚くほど似通っていることに気づく。

特定の地域に基地や原発を押しつけ、目を背けてきたこと。国家が国民を欺いているのに、権力は巧みに争点をすり替え、マスコミも追従したこと……など。

「日本がいま、直面している問題は戦争のときとそっくりですよ。勝てない戦争なのに、『勝った、勝った』と煽って、事実を隠していたのですから」

「節電しよう」「一五％削減しよう」と、原発事故後はじめて迎えた夏、東京電力はもちろん、政府も政治家もマスコミも一丸となって呼びかけた。戦時中の「ゼイタクは敵、ガマンは美徳」というプロパガンダと重なる。

節電の大合唱は戦意高揚と物資の調達のために家庭の鍋釜まで供出させた戦時体制下と似ている。猛暑のなか、自宅のエアコンをつけず熱中症になった老人もいた。東京・立川市に住んでいる私自身も計画停電のため、二度、明かりのない夜を過ごした。ロウソク生活も続けた。そのことについて疑問を挟もうとすると、異端児扱いされそうな雰囲気だった。

再び、若松さんにインタビュー。

――今回も、六十七年前の政府発表もちがいはないのでは？

「大本営発表はいまも昔も変わっていません。都合のいいところだけ発表して、あるいはごまかして被害を少なく見せる。そしていまはなし崩し的に訂正していますけれども、原発事故が起きる前から結構、事故は起こっているんです。なるべく隠して、後になって訂正する体質は全然、変わっていませんね。また原発事故が起きて新しい時代が始まるようなことをおっしゃる人がいますけれども、それはちがうんじゃないでしょうか。私はまだ戦争状態と思っています。原発を相手にした戦争です」

――なるほど。

「そう理解したほうがいいのではないですか。原発を廃止しなければ、戦争が終わったとは言えません。原発から二十五キロ圏に住んでいて感じることは、そういうことです」

われわれの敵には色もなく、においもなく、目には見えない。それでもわれわれを支配している、その敵とは何か。それは原発である、と若松さんは見ているのだ。

〝絶対安全〟といってきた原発の事故後、打つ手打つ手が後手に回り、必死に防衛策を講じては、失敗に見舞われてきた原子力ムラの人々（東電や政治家、官僚、学者たち等々）。第二次大戦後、不戦を合言葉に国民・国家のあり方を模索してきたはずなのに、有効な処方箋を描けないうちに第三の敗戦を迎えてしまったといってよい日本。今度こそ国民が原発に審判を下すべきときではないのか。さらに私は質問した。

――今回の取材は『戦災と震災』というテーマです。お父さんは戦争を体験されたのですか。若松さんは答える。

「海軍に召集されました。しかし、どこへ行ったかというと、秋田県の田沢湖です。戦争末期には乗るべき艦船がなくなっていたので、山奥にあるミズウミというウミに派兵されたのです。そこで終戦を迎えました。そのとき、私は子ども心にバカな戦争だなと思いましたね」

さらに言葉をついだ。

「実はこの原町も空襲に遭っています。陸軍の飛行場があって、特攻隊の訓練場所でしたから」

東北のこんな小さな町にまでも空襲があったのか──。

*東北地方初の空襲

私は原町空襲については、若松さんに会うまで知らなかった。

資料をあさってみたが、公的な記録は皆無だった。あるのは、二上英朗編『原町空襲の記録』（原町私史編纂室）くらいである。東京では目にすることができない資料だ。

私は、その資料を立川市の図書館を通じて、福島県立図書館から取り寄せてもらった。その資料を踏まえながら、原町空襲の体験者に取材するほかなかったからである。

私は原町空襲の取材で再び南相馬市を訪れた。二〇一二年十一月二十五日。

「あの日は朝から快晴でした。しかし、町のところどころに雪が残っていて、少し寒い日でした」

光井フミ子さん（八三）は、ずっと心のなかに眠っていた、〝あの日〟のことを思い出しながら、語り始めたのである。

〝あの日〟とは、米艦載機十六機（グラマンとアベンジャー）が原町飛行場の格納庫付近と原町紡績工場（原紡）を繰り返し爆撃した、一九四五年二月十六日午前八時四十分のこと。一回目の原町空襲である。

「まさか、敵機がこんな静かな町にやってくるとは、誰も思いませんでした」

光井さんの語る言葉は平易で静かである。話す被害も原爆や沖縄戦、東京大空襲などの都市被害に比べると、あまりにも軽微である。しかし、戦災であることに変わりはない。私は光井さんの話から米軍のＢ29は大都市だけでなく、全国のあらゆる町や村を容赦なく攻撃したということを改めて知った。

「空襲警報が鳴ると、防空壕に逃げました。おかげさまで助かりましたが、戦争中は食べるものもなく、本当に苦労しました。二度と戦争はあってはなりません」

光井さんにとって、戦争で負った〝心の傷〟は相当、深かったようだ。しかし、その傷痕を誰にしゃべることもなく、また体験として書くこともなく、六十七年が過ぎた。私は、その心の底に沈殿している〝重いおもり〟を拾い上げなければならないと思った。

じっと胸にしまってきた〝心の傷痕〟――。私は戦争のもたらした庶民の〝苦悩の真実〟を捉えてみたい。それが平和への確たる足場を築き、そして犠牲者に対するせめてもの償いになると信じているからである。

一回目の原町空襲は空襲警報もなく、誰もが予想しなかった突然の爆撃だった。この日の米艦載機は延べ千機。おもに関東地区各飛行場を攻撃したが、そのうちの十六機が原町を攻撃したのである。

この攻撃で原町紡績工場の女子挺身隊員ら四人が犠牲になった。いずれも原町紡績工場に動員されていた人たちだ。彼女・彼らは始業の点呼が終わって、これから仕事に就こうしていた矢先の爆撃だった。米軍の攻撃の狙いは原町飛行場と軍需工場の原紡だった。

＊常磐線の全面復旧のメド立たず

「原町空襲を思い出しますよ。あれは戦争だったが、今回は津波という天災だったけれども……」

南相馬市原町区北町にある自宅で、菅野清二さん（七六）は電話で語り始めた。菅野さんは元小学校教諭で、現在、「原町絵本と童話の会」代表。

「原発と空襲の関係でいえば、原ノ町駅は原発で不通になり、空襲で破壊されました」

福島県内の常磐線は相馬（相馬市）―原ノ町駅間（二〇・一キロ）が二〇一一年十二月に運行を再開したが、相馬―浜吉田駅（宮城県亘理町）間（二二・六キロ）は津波被害などで不通のまま。

特に上り線は福島第一原発から近く、放射線量の高い地域を通るので全面復旧の見通しは立っていない。その上、一般の自動車も通れないのが現状である。

八月九日の二回目の原町空襲。猛烈な機銃掃射のなか、菅野さんは家族と一緒に家の裏の竹藪のそばにつくっておいた防空壕のなかへ飛び込んだ。防空頭巾を被って、身を固くしていた。当時、原町国民学校三年。（以下、「はらまち九条の会」ニュースNo．38を参照）

そのうち、ドドーンと壕が揺らいだと同時に菅野さんは壕の床にベシャーンと圧《お》し潰された。

「一瞬、何もわからなくなりました。ふと、気がつくと心臓も体も動いていました。『ああ、俺は生きている』という実感を持ちましたね」

壕の暗闇のなかに母の顔が見えた。

「そのときの安堵感と嬉しさは、いまも忘れません」

敵機が飛び去ったあと、外へ出て驚いた。壕のすぐそばに爆弾で掘られた大きな穴が開いていた。柿の木や杉の木、竹などは切り取られていた。爆弾の破片もあちこちに落ちていた。

「もし、爆弾がもう数メートル近くに落ちていたら、一家は皆、死んでいたかもしれません」

生死は紙一重――。そう思うと、生きているのが奇跡に思えた。

その日の午後五時ごろ、原町紡績工場が真っ黒な煙と、真っ赤な炎をあげて燃え上がった。ただ呆然と眺めるほかなかった。燃え尽きるまで火は鎮まず、三日三晩燃え続けたという。その光景と、今回の津波・原発事故で抗《あらが》いようのない力に立ちすくむ人々の悲しみが重なる。

菅野さんは燃え続ける原町紡績工場を背に、石神村信田沢に避難した。その夜は杉林のなかで、畳を屋根形に合わせ、蚊に食われながら寝た。この空襲で三人が亡くなった。

＊空襲で破壊された原ノ町駅と重なる

翌日、三回目の原町空襲である。この日、時計の針は朝の十時を少し回っていた。原ノ町駅にグラマン一機が五百メートル上空から列車に突っ込んできた。ひとたまりもなく、機関車はやられて運行不能となった。

この空襲で六人の鉄道員が殉職した。いずれも、原ノ町機関区構内の防空壕のなかだった。そのほか駅構内では、もう一人の老女が亡くなった。空襲によって破壊された原ノ町駅の情景と、津波・原発事故で常磐線沿線が不通になったことも、また重なる。

営々と築き上げてきたものが一度に失われた。何よりも、日本の社会自体を変えたのが、福島第一原発で発生した事故だ。

「この原発をつくるとき、私は宮城県からきたばかりで、よくわからなかったが、教職員組合や町の有志が反対していました。しかし、政府は絶対大丈夫だといい、東電も『絶対安全なものをつくる』といって建てたのです。人間のやることだから、『絶対安全』ということはありません。原発は一歩間違えれば、大変な被害が出るのに……」

「絶対安全」のはずの原発がメルトダウンを起こし、水素爆発が続いた。十キロ、二十キロと警戒半径は広がり、住民は避難し、家族や地域の絆はバラバラに分断されてしまった。日本はなぜ、原発を持ったのか。高度成長のためにはエネルギーが必要だったと、多くの識者は語る。

しかし、繁栄に向けて走り続けた果てにたどり着いた社会の姿は、言いようのない虚脱感と閉塞感に満ちている。その代償はあまりにも大きい。それなのに、日本はまた原発を商品として海外に売り込もうとしている。菅野さんに聞いた。

——安倍首相は「日本の原発は世界一安全だ」と言って、トルコのエルドアン首相との間で原発輸出に向けた原子力協定を結びましたが……。

「外国に原発を売る前に、やることがあるだろう。爆発させた自国の原発をきちんと処理することが先ですよ」

と菅野さんは怒る。その怒りの声は、原発事故でふるさとを失った立場から原発をセールストークの手段に使われてはかなわないという強いメッセージである。

事故の原因調査が不十分な段階で、安倍首相は何を根拠に「日本製の原発は世界一安全だ」と断定できるのか。もし、輸出先で事故が起きたら、誰が損害賠償の責任を負うのか。日本政府、つまりわれわれの税金で払えというのか。

＊子どもたちを平和の語り部に

ところで、菅野さんは長く小学校（大甕《おおみか》小学校や原町第一小学校）の教員をしてきた。その間、学区内の空襲・戦災体験を子どもたちの手で発掘しながら、平和教育を行ってきたユニークな先生だ。

昭和五十年（一九七五）、復帰後まもない沖縄で教育研究会全国集会が開かれた。そこでは広島・長崎の原爆、沖縄戦、各地の空襲等の戦禍の悲惨さが語られ、平和の尊さが訴えられた。

そのなかで菅野さんも「子どもたちを平和の語り部に」という報告をした。その報告リポートを抜粋すると――。（以下、前掲書『原町空襲の記録』）

「戦争の悲惨さを教えようという時は、広島や長崎、あるいは東京大空襲や沖縄戦などの写真を数枚見せただけで、子供達は目をおおってしまいます。しかし、だからといってそれだけで戦争の悲惨さがわかったということにはならないと思うのです。…（中略）沖縄や広島から遠く離れた東北のいなか町にも戦争があったのだと、実感させるための取り組み、つまり掘り起こしの仕事が沖縄や広島を正しくわからせる意味からも必要なのだと思うのです」

さらに、こう綴《つづ》っている。

「平和を永遠なものにするために、私達は、戦争の悲惨さを語りつたえて行かなければなりません。戦争体験の風化が言われ、又、体験者が年々少なくなる現在は、今まで以上に戦争体験の継承を考えなくてはいけないと思います。その継承者になるための基本は、やはり、父母や祖父母などから話をきくということはあると思います。…（中略）文章にまとめられる場合は稚拙なものになっても掘り起こすという過程が大事だと思うのです」

＊子どもたちの戦争体験の聞き書き

このリポートには、いくつもの掘り起こしの例が収められている。たとえば、鹿山ひとみさん（大甕小学校五年）の聞き書き。

「今日、おじさんに戦争の話を聞かせてもらった。戦争についてはいくらか自分で調べていたので、私の知っている話かなと思って聞いたら、ぜんぜんちがう話だった。おじさんは戦争の時、船でガダルカナル島に行ったり、インパールという所で戦ったり、あっちこっちで大変な戦争をしていた。その中で私が一番びっくりして聞いた話は人間が腸を出して死んでいたり、死体がばらばらにふっとんだり、ずがいこつがふっとび皮だけが残っていたという話だった。私はおじさんの話を聞いて、戦争は人間を殺すだけでなく、人間の心も殺してしまうおそろしいものだと思った」

これは菅野さんの準備した素材「各地を転戦した用務員のおじさんの話」に反応して書かれた感想である。掘り起こされた子どもたちの体験は、それだけでも十分価値ある記録だが、菅野さんの指導はさらに深化されていく。

「それが個々ばらばらであっては、経験は個人的なものになってしまいます。さらに共通化するために整理したり、まとめたりすることが大切です」

菅野さんは友達の文について、家の人に話を聞いたり、認識を深めたりしたという。そして出来上がったのが、一冊の文集である。そのなかでユニークなのが「学区の戦災地図づくり」。菅野さんはこう述べている。

「子どもたちの聞き取りをもとに学区の戦災地図をつくりました。まだ不十分ですが、少しずつくわしいものにしたいと思います」

「まだ不十分だが、少しずつくわしいものにしたい」――菅野さんの、この言葉の持つ意味は重い。歴史を掘り起こすとは何か。戦争体験を次世代に継承していくこととは？　私は菅野さんの話を聞いて、これは、いかに難しいものであるかをあらためて思った。

＊栃木の宇都宮空襲でも

かつて私も栃木県で「宇都宮市戦災を調査する会」を立ち上げ、事務局長として『宇都宮空襲・戦災誌』と『あの日の赤い雨』の二冊を編集したことがある。とくに後者の『あの日の赤い雨』はサブタイトルにあるように、「父母から聞いた子どもたちの空襲体験記録」である。

空襲を直接体験した父母たちが綴ったもの――つまり「事実」をありのままに捉えたものが、『宇都宮空襲・戦災誌』であるとすれば、戦争を知らない子どもたちが、父や母から戦争体験を聞き、それを生活の場で具体的に位置づけ編集したものは、「創作」とみなすことができるかもしれない。それが戦争体験の継承につながるのか、一抹の不安はあった。

しかし、子どもたちが懸命になって、〝あの日〟の夜（一九四五年七月十二日の宇都宮空襲）のことを父母（なかには近所のおじいちゃん、おばあちゃんから聞いたものもあるが、それは〝共同の父母〟として考えればよいと思う）から聞き、エンピツを原稿に走らせたのである。

その一行一行は、戦争に対する〝激しい憎しみ〟と、そして平和に対する〝心からの叫び〟が込められ、胸を打つものがあった。「小学校編」七十三編、「中学校編」二十一編、「高校編」二十編の計百十四編。そのなかの一、二を紹介すると――。

「戦争とは何なのだろうか。人間が人間を殺しては喜び、相手がみじめになるほどつけねらってくる。いったい何の理由があって」（渡辺真理、宮の原中学一年）「二荒山神社前に立つと視界をさえぎるものは何もなく黒い廃墟だけが横たわっていた……焼け跡からは、白いけむりが幾条も……」（小宮紀子、宇都宮女子高校二年）

これらはほんの一例であるが、どの体験も胸に迫ってくる。〝創作〟とはいえ、すごい迫力である。

＊草の根民主主義

同じように、菅野さんの指導による「子どもたちの空襲体験記録」も、おそらく力作が多かったにちがいない。当然、沖縄における教研の全国集会は、原爆体験と沖縄体験の継承が一つの議題になったのだろうが、東北の片田舎の空襲を掘り起こすという、この地道な平和教育も注目されたのはいうまでもない。

菅野さんのリポートには、特別な惨禍を受けた人ではなく、ごく普通の人の戦争の話が綴られていた。目を見張り、耳をそば立てるような内容など全然ないリポートである。

「普通と思われる人、あるいはその周辺にいる人の話をよく聞くと、必ずといっていいほど、戦争とのかかわりを持っているものです。私は、その普通の人の話を綴っていくことが平和を守る道につながると思います」。片田舎におけるわが町わが村の〝私たちの戦争体験〟を掘り起こし、等身大の戦争を伝えていく――。これが草の根民主主義というものなのかもしれない。

II　明かりのない〝死の町〟

＊「震災」を写真に残したい

遺族が供えたのだろうか。テーブルの上の花束が冷たい浜風で揺れていた。福島県南相馬市原町区上渋佐の介護老人保健施設「ヨッシーランド」。入所者百三十六人のうち、津波で三十六人が亡くなり、一人が行方不明になった。

津波から一夜明けた三月十二日早朝、カメラを持った一人の男性が施設のなかへ入った。半世紀以上、町並みの風景や人々の生活を撮り続けてきた地元のアマチュアカメラマン、大槻明生さん（七九）である。

三月十一日夜、地震の揺れで散らかった茶碗や家具を片付けていたとき、妹の岡村秀子さん（七四）から電話が入った。

「大変です。うちのお父さんが津波に呑まれました」

義弟・岡村大《ひろし》さん（当時、七十六歳）がなぜ、津波に呑まれたのか。どのようにして死んだのか。それを知りたくて翌朝早く、施設を訪れたのだ。海岸まで約二キロ。防風林と住宅は跡形もなく、施設周辺は静まり返っていた。

津波でボロボロになった家（南相馬市小高区）

朝日が昇ってきた。手を合わせて撮影を始めた。施設の壁には流木やがれきが突き刺さっていた。軽自動車や介護ベッド、車椅子、入所者の名が書かれたおわん、運動靴などが散乱していた。大槻さんにとって、こんな写真を撮るのは初めてだった。

「大さん、辛かっただろうね」

一瞬にして生命が奪い去られた悔しさと悲しさ。大槻さんは一枚一枚に思いを込めた。町は津波で流され、一望千里。これまで見えなかった海が、がれきの向こうに見えた。がれきと化した家屋や陸上に打ち上げられた船舶など生々しい現場を見た。

〝記録を残さなければ……〟

大槻さんはシャッターを切り続けた。しかし、東京電力福島第一原発から二十キロ圏内に住んでいる大槻さんは、避難を余儀なくされ、福島市内へ避難した。それから栃木県小山市の親類宅で約一年間、生活した。その間、月に二、三度、南相馬市の自宅に戻り、被災地を写真に収めた。その数は三千枚以上にもなった。

最も印象に残っている写真は、南相馬市原町区で撮影した「こいのぼり」。がれきが一面に広がるなか、風にたなびく様子を切り取った写真だ。孫息子を亡くした遺族が立てたらしい。

「被害を繰り返さないため、復興のためにぜひ、見てほしい」

二〇一二年六月、南相馬市原町区の「銘醸館」で第一回の写真展を開いた。多くの来場者が写真に見入っていた。これを皮切りに、東京や山口、千葉、栃木の各県で計二十回の写真展を開催した。震災で変わり果てた風景や自衛隊の活動、復興に立ち上がる市民の姿を伝えた。

*原紡の挺身隊員四人が爆死

大槻さんは原町空襲・戦跡の語り部でもある。昭和九年（一九三四）二月生まれの大槻さんは、原町にあった飛行場の近くで育った。終戦時、小学生だった。授業と奉仕作業は半々で、あとはイナゴ取り、桑の木の皮むき、茅萱《ちがや》取りなどを行った。六年生のころ、原町飛行場に行き、その一角に縄を張り、草地のところを掘り返し、土を出して畑に見せかけた。木の枝を切って、飛行機の上に乗せたこともあった。すべては米軍に飛行場と見られないための、一種のカモフラージュの作業だった。

「空襲に備えたのですが、いま考えると、本当にバカバカしい。幼稚なことでしたね」

原町空襲――。原町に米軍の艦載機が現れたのは昭和二十年（一九四五）二月十六日。午前八時すぎ、グラマン戦闘機とアベンジャー爆撃機からなる十六機の編隊が原町飛行場と原町紡織工場（原紡）を繰り返し攻撃した。この爆撃で原紡の挺身隊員四人が犠牲になった。


このとき、原町飛行場には鉾田教導飛行師団の今西六郎中将がいた。第六飛行師団の飛行第六十五戦隊が待機していた。しかし、飛び立たなかった。東京の軍司令部から「飛行第六十五戦隊は飛行機を分散配置し、偽装を適切にし、空襲による被害を極減すべし」という命令がきていたからである（八牧美喜子『いのち―戦時下の一少女の日記』白帝社）。

飛行第六十五戦隊長・吉田穣少佐の回想録『玉砕の島』から。

「敵機の来襲、第一波は突然だった。しかし第二波がきたら敢然と迎撃し、敵機を血まつりにあげたいと考えた。しかし戦隊の任務を考え、軍司令部の命令を思い直し、飛行機の温存をはかった。迎撃したい心を抑え、泣きたいような心情だった」

＊線路は折り曲がっていた

終戦直前の八月九日。「ドシーン」。二度目の原町空襲である。原ノ町機関区の鉄道の線路は折り曲がっていた。原町紡織工場も壊滅した。石川製糸工場のトロッコ線路に三十キロ爆弾が投下された。大槻さんの回想。

「私は家の庭の防空壕に逃げました。ボーンと浮いたようになり、もう、そのときはダメか、と思いました。原町紡織は一週間ぐらい燃え続けていました」

翌十日。三回目の空襲。グラマン六機が急降下しながら機銃掃射した。十六歳の少年兵が戦死した。この日の波状攻撃で相馬農蚕学校の畜舎と教室が直撃弾を受けて家畜が殺され、教室が焼失した。この空襲で原町紡織、帝国金属、相馬農産学校などはすべて焼失し、六人が爆死した。

原町空襲と3・11——。カメラマンの大槻さんの目から見た空襲による焼け跡と、原発による無残な風景が重なって見えた。しかし、原町空襲と3・11ではまったくちがう。原町空襲は壊滅状態だったが、人がおり、山々は繁り、水は清く流れていた。しかし、3・11の場合、人がおらず、何よりも放射能による汚染が山にも川にも海にも広がっていた。

鹿島野球場の駐車場に並べられた車のがれき(南相馬市鹿島区)

＊九死に一生を得た

「いつ、地震がきても逃げられるように準備していました」

一人暮らしの、その老婦人は地震が発生したとき、南相馬市原町区の自宅にいた。星千枝さん(九〇)。揺れを感じて、すぐに玄関前の門の戸を開けて外へ出た。テレビはつけっぱなし。

揺れがおさまったと思ったら、また大きな揺れがきた。瓦の屋根の心臓部のぐしが崩れ落ちた。鈴の飾りも落ちた。食器はめちゃくちゃに散らかった。

「こんな地震は初めてですよ」

と星さんは語る。彼女は元高校教師。昭和二十年(一九四五)四月から昭和四十四年(一九六九)まで原町高等女学校(通称、原女)と原町高等学校(国語科)に勤務していた。

私は原町空襲と今回の震災のどちらが怖かったですかと、尋ねた。

「それは空襲のほうが怖かったですよ。私は爆風で吹っ飛んでしまいました。防空頭巾も腰掛けも飛ばされました。私は瞬間、これでダメかと思いました。防空壕のいっぽうは完全に崩れました。しかし、いっぽうに明るさが覗いていました」

星さんは九死に一生を得たと言いながら、原町空襲のことを語り始めた。昭和二十年（一九四五）四月、福島県の中通りの小さな女学校から原女へ転任してきたばかりだった。当時、原女では四年生は郡山の日東紡績富久山工場、三年生は地元の原町紡織工場へ学徒動員され、遠距離の生徒は学校の西二階に宿泊していた。星さんは一、二年生に国語を教えていた。

「でも、皆、農繁期になると田植えや稲刈りに駆り出され、勉強どころではありませんでしたよ」

一九四五年四月十二日の郡山空襲で原女の生徒も数人、生き埋めになった。しかし、幸いにも死者は出なかった。

原町陸軍飛行場は特攻隊員を養成する錬成場だった。二十歳前後の有能な若者が厳しい訓練を受けていた――。原町役場から原女に電話がかかってきた。「特攻隊が出発するので、見送るように」という伝達だった。

星さんは授業を即刻やめて、生徒たちとともに野馬追城のあった御本陣山に駆け登り、原町陸軍飛行場から飛び立つ特攻機に手を振った。

「飛行機は私たちの上を数回、旋回して二度と戻ることなく、南の空へ消えていきました」

＊校庭に十二発の爆弾が……

終戦間際の八月十日、星さんは事務員のSさんとともに日直勤務だった。職員、生徒は休みだったが、校長と教頭は出勤していた。

この日は、朝から真夏の太陽がジリジリと照りつけていた。星さんはいつものように綿の入った防空頭巾を被り、手拭いで口鼻を蔽《おお》って、〝完全武装〟していた。

と、そのとき、警戒警報のサイレンが鳴った。星さんらは直ちに防空壕に直行した。じっと、身を固めていた。三十分ほどすると、グラマン戦闘機は去った。しかし、また一時間もすると、渋佐沖にいた艦載機から波状攻撃を加えられた。これが五回くらい繰り返された。

原女が爆撃されたからと見にきたおじさんが途中で機銃掃射を受け、腕を一本失ったと聞いて、星さんは動転した。

「校庭には十二発、爆弾が落とされました。ガラスは木っ端みじんに砕け、散乱していました。幸い、校舎は無事でした」

「しかし」と星さんは話を続ける。

「この十二発目がくせものでした。九十歳になったいまでも忘れることができません」

午後三時ごろの最後の爆撃だった。防空壕に爆弾が落ちたのである。ものすごい爆裂音と爆風……。爆弾によってできた大きな穴からは地下水がゴボゴホと湧き出ていた。

「私は爆弾でグラグラと体が持ち上げられ、生きた心地がしませんでした」

この日、星さんは自宅に帰って驚いた。機銃掃射の弾丸が屋根を突き抜けて、畳や布団に突き刺さっていたのである。

「わが家は駅に近かったために、線路の枕木が飛んできて、それが突き刺さっていたのです。いま、思い出しても、ゾッとしますよ。それに線路は飴のように曲がっていて、架線橋にからまっていましたね」

この日の夜、星さんは父の実家の石神村信田沢へ向かった。しかし、いまの仲町の牛越公道はリヤカーを引いて、風呂敷包みを背負った人々でごった返していた。

「南の空は原町紡織工場がまだ燃え続けていたのか、赤く染まっていました」

＊緊急避難免れず

「戦争で苦しめられ、また今度の津波、原発事故で苦しめられました。でも、今回はいろいろな手立てを講じられていますから、六十八年前とは全然ちがうと思いますよ」

　戦前、戦中。食糧難の時代である。着るものもない。食べるものもない。米の代わりに豆、かぼちゃを食べていた。しかし、今回の震災では全国から多くの義援金や物資が届けられた。そこが戦前と今回のちがいだと、星さんは言う。

　3・11から一週間後、役所から電話が入った。緊急時避難準備区域（三十キロ圏内）に指定され、住民に避難を呼びかける電話だった。避難先は群馬県、新潟県……など。

「明日八時半、バス二百台で群馬県へ避難するので、今夜のうちに毛布などを用意して公民館や第一小学校に集合せよ」

　しかし、まだ米もあるし、冷蔵庫にはさまざまな食料品が入っていた。だから、何も避難する必要はないと、星さんは思い、自宅に留まろうと覚悟を決めていた。

　私は、星さんにあらためて、そのときの心境を尋ねた。

　――市役所から電話がかかってきたとき、どんな気持ちでしたか？

「避難しない覚悟でした。避難してもせいぜい一週間ぐらいだろうと、タカをくっていました。ところが、逃げなければ危ないですよ、と言われ、避難せざるを得なくなったのです」

　星さんは翌日、茨城県水戸市に住む娘に電話した。「明日迎えに行くから、家で待っていてね」と言われた。

しかし、ガソリンは足りない。スタンドは給油の車で行列である。何時間も待たされ、給油を済ませた。

予定通り、娘がやってきて、水戸で約六カ月間、お世話になった。

それにしても、体力のない高齢者にとって避難することは過酷なことだったにちがいない。再び、私は聞いた。

——原発事故についてどう思いますか。

「私たちは原爆で被害を受けました。今回は日本が国策で原発事故を起こし、世界に被害をおよぼしていることを知らなければなりません」

原爆で日本は被害者だった。しかし、今回の原発事故は近隣諸国だけでなく、世界に影響を与えた加害者だったというのである。

＊子どもたちにも体調異変

収束の兆しが見えない福島第一原発事故。放射能汚染の範囲が拡大し、子どもたちに原因のわからない体調異変もじわり広がっているという。鼻血、下痢、倦怠《けんたい》感……。私は星さんに尋ねた。

──子どもたちの健康被害を不安視する声もあるようですが……。

「子どもたちはかわいそうです。健康不安はもとより、家に戻れないのは本当に情けない。戦時中も子どもたちは田植えなどに動員され、勉強どころではなかったのです。未来の子どもたちを安心して暮らせる世の中にしてほしい。その自覚が政治家にあるのかないのか、さっぱりわかりませんね」

二〇一二年五月、原町第一小学校で二年ぶりに運動会が行われた様子が映像で流れていた。屈託のない小学生たちからは震災や原発事故の影はまったく感じさせないものだった。過酷な運命であっても、必ずやこの町は再建されるだろうと、私は子どもたちのはしゃぐ姿を見ていて、思った。

星さんの話は、原町陸軍飛行場から前途有能な若者が飛び立ち、戦場で散っていったことにも及ぶ。数知れない同胞が殺され、戦争で死んでいった特攻隊の多くの若者の魂をどう鎮めていくか。

「そこなんです。戦争で数多く死んでいった、その死者とどう向き合うかが大事だったのに、戦後六十八年たって、いつの間にか人間の死というものが軽んじられるようになったんではないでしょうか。復旧、復興も、もちろん大事ですが、まず精神の復興が重要だと思いますよ」

＊電気、ガス、水道はストップ

３・11。南相馬市原町区に住む元小学校教諭の佐藤ヒロ子さん（八一）は自宅一階の居間で、薄型テレビを押さえて立っていたが、食器棚のガラスは割れ、食器はガラガラと落ちた。屋根の瓦も動き、家の壁にヒビが入った。

停電で電気、ガス、水道はストップ。テレビもラジオも聞けない。情報は何も入ってこない。自宅は海岸から約四キロ。幸い、津波の被害は免れた。

その後、約二十五キロ離れた福島第一原発の衝撃的映像が流れた。一号機、三号機が爆発している映像だ。また津波に流されている家や自動車などの映像も流れた。瞬間的に佐藤さんは郡山空襲と原町空襲のことを思い出した。（以下、「はらまち九条の会」ニュースＮｏ．32を参照）

＊入院中、郡山空襲を目撃

佐藤さんは伊達郡霊山第一国民学校六年のとき、盲腸炎を患い、福島の病院で三カ月以上入院していた。その間、空襲警報がしきりと鳴った。あたりは灯火管制で暗闇の生活を送っていた。

あるとき、南の空が赤々と明るく輝いていた。大人たちは「あれは郡山が燃えているんだ」と話していた。昭和二十年（一九四五）四月十二日の郡山空襲である。佐藤さんは動けない体なのに、いつ福島が空襲されるのかと思って、不安な日々を送っていた。私は佐藤さんに尋ねた。

——そのころ、どんな教育を受けたのですか。

「ほとんど覚えておりませんが、当時の通信箋だけはよく覚えています」

伊達郡霊山村第一国民学校の昭和十八年度の通信箋は「滅私奉公」「忠君愛国」「子どもは天皇の子」という内容だった。

父にも召集令状がきた。横須賀海兵団入団だったが、入営したのは会津若松の山中で松の根っこを掘り、松根油を採るためだった。それで家族は福島市に移り、佐藤さんは福島第二高女に入学した。

戦況が悪化し、福島市も建物疎開を始めた。裁判所近くに住んでいた佐藤さん一家も立ち退きを命じられ、父の郷里・石神村（現・原町区石神）に戻ってきたが、食料もなく、ランプ生活だった。原町高等女学校に転入した佐藤さんは、ここでも空襲を目撃した。

「私は高台から焼夷弾を見ていましたが、本当に怖くて、怖くて……」

焼夷弾と原発事故——。

佐藤さんの自宅は福島第一原発から二十五キロ。避難生活を余儀なくされ、秋田の妹の家に一週間、そのあと東京・練馬区の息子のところへ避難して、二〇一一年六月一日、自宅に戻ってきた。私は佐藤さんに聞いた。

――B29による爆弾も、今回の原発事故も人間が犯した過ちですが、どう思われますか。

「戦争で数多くの人間が死にました。今回の大震災でも教え子たちが津波に呑まれ、亡くなりました。その上、原発事故で家を追われて、いまなお仮設住宅に住んでいる人たちがいます。それなのに、私たちの苦しみを忘れたかのように、再稼働の方向に進みつつあるのは、本当に残念でなりません」

佐藤さんは元小学校の教諭。大甕《おおみか》小学校と高平小学校の教え子たちの何人かが津波に流され、亡くなった。いまだ行方不明の者もいる。家を流され、仮設住宅にいる人も。

「私はお葬式にも行きました。あんなに明るい子だったのに、本当にかわいそうで……」。

戦後の民主主義は軍国主義からの価値の転換だった。しかし、それが問われないまま、モノやカネが優先の社会になってしまった。その結果として、原発事故が起こったと佐藤さんは思う。

第十章
第四の震災県　青森・八戸空襲と津波

Ⅰ　全国有数の漁業基地

第四の震災県・青森の八戸港は被災した太平洋岸の東北四県のなかでも最も水揚げ量の多い全国有数の漁業基地だ。東日本大震災で、この八戸港も高さ六・二メートルの津波に襲われ、大きな被害を受けたが、あまり語られることは少ない。たしかに、震災による青森県の死者は三人、行方不明者は一人である。だが、大きな津波を受けたにもかかわらず、なぜ、死者が少なかったのか。その要因を探るほうが、今後の地震・津波対策を考える上で大切ではないのか。

＊変化に富んだ海岸線と緑輝く山

私は戦災と今回の震災の両方を体験した人を求めて青森県八戸市を訪ねた。八戸市は変化に富んだ海岸線と青々とした緑輝く山々に囲まれている町である。その光景を見ていると、表面的には何事もなかったかのように見える。

私は、凪《な》いだ海を眺めながら、作家・三浦哲郎『白夜を旅する人々』（新潮文庫）を思い出した。三浦は青森県出身の唯一の芥川賞作家である。この作品には八戸の海岸を襲った津波の話が出てくる。

三浦は津波を「海嘯《つなみ》」と書いている。静かな海が突然、吠えるように嘯《うそぶ》き、やがて何事もなかったかのように口をつぐむというのだ。しかし、私にはその静かな海を見ていると、傷痕は奥深く、いまだに消えていないのを見て取れた。

八戸市へ行くのに、深夜の高速バスを使った。新宿西口発は二十一時五十分、八戸駅着は翌朝の八時十五分。予約していたレンタカーを借りて、まず向かった先は八戸市白銀町の八戸水産会館三階の事務所。八戸みなと漁業協同組合の前代表理事（組合長）の熊谷拓治さん（七五）に会うためである。

彼は早稲田大学卒業後、海外で働くのが夢だったが、父・義雄氏（元衆院議員）からの勧めもあり熊谷漁業㈱に入社。代表取締役社長を務めた。八戸漁連会長を三期九年務め、二〇一二年六月に退任（現在は理事）。そのほか、水産庁水産政策審特別委員など県内外の公職を歴任した。

――3・11。その日はどこにおられましたか。

「青森市での会議を終え、車で帰途についていました。途中、ちょっと、つまむものが欲しくて、コンビニの駐車場に入りました。車を止めた、その瞬間、前に止まっていた何台もの車が、ボンボンと飛び跳ねていました」

ラジオのスイッチを押すと、巨大津波の襲来を告げていた。陸前高田市や宮古市の海岸部は全滅だという。八戸港も激しい波にさらされ、被害は甚大。「ライトを点灯した車が人を乗せたまま海中に消えた」というニュースも流れた。

交通信号はすべて消え、交差点は車で混雑。アナウンサーの興奮した声色が一層、不安を駆り立てた。やっと、八戸に着いたのが夕方、暗くなったころだった。しかし、港には近づけない。

そのときの模様を熊谷さんは隔月刊『あおもり草子』(二〇一二年二月一日発行)に「東日本大震災に想う――津波も海は壊せない!」と題する一文を寄稿している。以下、『あおもり草子』を参照させていただく。

――町はどんな状況でしたか。

「停電で町は暗黒でした。電話も携帯も通じません。町の状況はほとんどわかりませんでした」

――その日の夜はどうしていましたか。

「寒く暗い自宅で一夜を明かしました」

――目を覚ましてからは?

「いの一番、八戸港に行きました。もう、東北随一の威容を誇っていた八戸港ががれきと化しているではありませんか。その光景を見て、私は六十八年前の『あの日』の光景を思い出しました」

八戸港。岸壁には五十メートルもある中型イカ釣り漁船が何隻も乗り上げ、無残にも横転していた。完成したばかりの最新の機器を備えた市場も流され、大型タンカーがその上にのしかかっていた。

熊谷さんは、自分が所有する中型のイカ釣り漁船を探した。しかし、これも八戸港から消えていた。茫然自失。被災地の荒涼とした、この光景は「あの日」の体験以来の衝撃だったと熊谷さんは語る。

一九四五年七月十四日。八戸国民学校二年のとき、米軍のグラマン戦闘機による爆弾空襲を受けた。海防艦・稲木をはじめ、多くの漁船が沈没した。船舶だけではない。工場も民家も鉄道も破壊され、炎上した。凄惨な光景だった。港に残されたのはオンボロの木造船だけだった。

『日本の空襲1　北海道・東北編』(三省堂)によると、この艦載機による銃爆撃は、北海道・東北地方各地にわたって行われたという。その機数は二千機近い。この攻撃は飛行機、船舶、鉄道、工場、倉庫などを爆撃して、日本の残存戦力に止《とど》めを刺そうというものだった。

米側の第三十八任務部隊報告は書いている。「海岸線から七十マイルの海上にある空母より発進、北本州の飛行場、船舶を攻撃した」と。この攻撃で八戸、三沢、青森、大湊、石巻、気仙沼などがやられた。

＊戦争も津波も海は壊せない！

戦後、ボロボロになって戦地から還ってきた八戸の男児たちは、港に残されていたオンボロの木造船に乗って沖に出た。たくさんのイカを水揚げし、八戸港に活気が戻った。これが現在の「日本一のイカの水揚げ港・八戸」のスタートとなった。

熊谷さんは、当時を振り返った。

「戦争は船も工場も家屋も破壊しました。いや、そればかりではありません。人間の心まで破壊しました。しかし、海だけは壊すことはできません」

東日本大震災にも同じことがいえる、と熊谷さんは言う。

「大津波が襲っても、依然として海にはたくさんの魚がいます。しかし、その魚を獲る漁船がやられたのですから、漁師はたまったものではありません。漁船がなければ、漁師の生活は成り立ちません。まずは漁船の確保が第一です」

そうすれば、水産都市・八戸は必ず、復活すると熊谷さんは断言する。

＊二次災害の怖さ

３・11以前、八戸港には大・中・小型の漁船が五百隻あった。そのうち、三百隻が被災した。その半分は全損。さらに八戸港の三つの魚市場や関連施設も被災した。いつも八戸港に集まるはずのイカの量は大きく減った。

津波による死者は一人。その方は組合員の奥さんだった。彼女は夫とともに小型船を操業。しかし、津波襲来の警報に、夫は沖に船を出して難を逃れたが、見送りに来ていた奥さんは、車に乗ったまま激流に呑まれた。

さらに一カ月後、これも組合の小型底曳船が沈没し、乗組員六人全員が犠牲になった。このときは時化《しけ》もなく、積荷もないままの原因不明の事故といわれているが、熊谷さんには、そうは思えない。がれきが漁網を引きずり込んだと見ている。

海上保安部も後になって、そのような見解を発表した。つまり、これは大震災の二次災害というわけである。公式の被害報告には含まれていないのだ。

「震災による公式発表は死者一名ですが、私の心のなかには犠牲者七名という思いが常にのしかかっています。二次災害の恐ろしさを知ってほしい」と熊谷さんは強調する。

＊八戸港は被災地の復興の拠点

特筆すべきは八戸港の復興の早さだった。それはなぜなのか。熊谷さんは言う。

「宮城や福島、岩手の被災地の復興の拠点として八戸港を活用した国の方針が有利に機能したことは間違いありません。漁船や運搬船の航路を確保するためのがれき除去がなされたからです」

震災四日目にして、沖合底曳漁船が水揚げし、救助物資を積んだ運搬船も着岸が可能となったという。その後も熊谷さんは被災した船の代船取得や修理作業のために、国・県・市に支援を訴え続け、奔走した。

「幸いにして九分の七の建造費に対する補助が可能となりました。これは前例のない画期的なことです。しかし、残り九分の二は自己資金を用意しなければ、漁をやっていけません。多くの漁業者は、そのことで悩んでいます」

さらに熊谷さんは言葉を継いだ。

「戦後、日本人は等しく焦土から立ち上がりました。平和で繁栄した国をつくろうと、心を一つにして……」

要するに、国民の気持ちがまとまっていたから復興できたというのだ。しかし、震災後、日本人は等しく被災者の側に立っているのだろうか。

＊被災現場に立ったリーダーこそ

被災地の悲しみと再生への道――。政治家や官僚の責務は大きい。しかし、日本に被災者に寄り添ったリーダーがいるのだろうか。被災地の浜風に身を委ね、がれきの山をよじ登る、被災現場にこそリーダーは赴くべきだ。

先の大戦で、前線を知らない大本営の机上作戦が、どんな惨めな結果を招いたかを思い出してみよう。東日本大震災は第三の敗戦といわれている。第一の敗戦は幕末の黒船ペリーの来航である。明治維新のリーダーは江戸を東京と改め、天皇を京都から移した。第二の敗戦は太平洋戦争。戦争に負けて軍部は失墜。そこへ現れたのが親英米派の吉田茂や幣原喜重郎、石橋湛山。また社会党の片山哲や浅沼稲次郎などのリーダーだった。彼らは大政翼賛会の翼賛政治でない新しい政治をつくろうと志した。

しかし、いま、そうしたリーダーがいるのか。政争に明け暮れ、保身に走る。そして国民には負担を強いる、こんな体たらくの政治家が何と多いことか。もちろん、当時と、今回の大震災とは同次元で論じることはできない。

しかし、国家再生という点では似ているのではないのか。現在の政治家は皆、小粒になり、政策は小手先にしか映らない。国家百年の大計に立った新しい総合的な国づくり、町づくりの発想が必要なのに。

津波に呑まれた人たちは帰ってこない。失われた船も戻ってこない。だが、それを乗り越えて進むことはできるはずだ。船を失った熊谷さんも、皆の気持ちが一つになれば、必ず、八戸は復興する、と信じている。

「明朝、イカなどの漁業交渉に向けてペルーへ出発します」

漁業もグローバルな時代。世界を相手に戦う熊谷さんの表情は明るい。

＊「石橋カネの日記」

熊谷さんの取材を終えて、次に訪ねたのは八戸市江陽に住む石橋カネさんの居宅である。彼女は大正十三年（一九二四）二月二十一日生まれ。八十九歳。戦前・戦中、日記をつけていたという。「石橋カネの日記」である。

「戦争中は紙がない時代でした。自分でも読めないぐらい細かい字で、ざら紙に書いたりしました」

戦中のジャーナリストや作家の日記は数多く残っている。たとえば、松浦総三『戦時下の言論統制』（白川書院）によると、戦争の矛盾を批判した清沢洌『暗黒日記』。身辺雑事を記録風に綴《つづ》った作家の一色次郎や山田風太郎、永井荷風、徳川夢声の日記。そのほか、獄中や戦場体験を記録した河上肇『獄中日記』や古川緑波『悲食記』など。

これらの日記のなかで、清沢洌『暗黒日記』を除いて、ほとんどの日記は空襲の怖さや身辺雑事、食べ物に関するものが多く、戦争に対する批判が少ない。おそらく、戦争に疑いの目をもてば、憲兵に捕えられると知っていたからだろう、と松浦氏は述べている。

戦時中の日記は重要である。戦争という非日常的な出来事が映し出され、歴史資料として庶民の息づかいを知ることができるからだ。無名の庶民の「石橋カネの日記」も例外ではない。

八戸には、「石橋カネの日記」以外に「大久保源太郎の日記」があるが、女性の視点から書かれた「石橋カネの日記」は断然、面白い。戦争体験の希薄な現代にあって、当時の生活や考え方を知る上で貴重な資料であるばかりでなく、八戸空襲に関する資料としても、これほど貴重な日記はないだろう。

石橋さんは当時二十一歳。女子挺身隊員として、種差防空監視哨に勤務していた。八戸空襲のあった七月十四日の日記にはこう書いている（『八戸市史―近現代資料編　戦争』から抜粋）。

「今朝不意に母が『かね！　起きろ、敵だ！』と云ふ。いそいで起き上ったら、飛行場（高館）の方で、ゴロゴロと雷様のなるやうな音。父は雷様だべと云ってゐたが、つゞいてダッダ……と機関銃の音。『そら敵だ』とばかりふとんをかむりハダシで壕へ。

こんなに不意に艦載機が来やうとは夢にも思ってゐなかった。おそろし、おそろし、敵は去ったやうだ。夕べのごはんをにぎって食べる。隣のあねさんは火をもやして巡査にひどくおこられたとか。又もや爆音機関銃の音。夕方浜の方から逃げるわ逃げるわ」

当時、よほどのことがない限り、普通の庶民の日記は検閲されなかった。そのために空襲の様子を見たまま、考えたまま書かれているのが多い。国文学者の吉田精一は日記についてこう書いている。「日記は自分にだけ語りかけるものであって、他人が読むことを予想しない」（『随筆入門』新潮文庫）

なるほど、「石橋カネの日記」も公開を前提としていないから、自由に伸び伸びと書かれている。石橋さんに限らず、戦中の庶民の日記は、食べ物を書くときと、炎に追われて逃げるときだけ、生き生きと描かれている。生きるか死ぬか――という瀬戸際に立たされていたからだろう。

そのいっぽう、庶民の日記には戦争の全体像を捉えた客観的な記述は少ない。つまり、政府や軍部に対する批判的日記が少ないのが、戦中の庶民の日記の特徴である。戦中の日記は、たいてい、「石橋カネの日記」と大同小異である。

それは、近ごろの批判精神の薄い日本人の姿に似ている。当時、日本に民主主義はなかった。しかし、民主主義がなかったからといって、済ませられる問題ではない。やはり、批判精神があって民主主義が育つことを忘れてはならない。

終戦日の「石橋カネの日記」。

「今日母と共に、畠へかぶの肥をかつぐに行く。大そう暑かった。お昼になり私は一足先に家に帰る。途中、遺がい、裏のよしちゃんの家より、ラヂオで君が代を歌ってゐた。一体何事ならんと思ったが、大して気にもとめず家へ帰る。昼ごはんを食べ戸棚の前へながまってゐたら、父が裏より入って来たが、いきなり『日本が降伏したさうだ』との話。私は、夢かとばかり驚いた。日本にも降伏と云うコトバがあったのかと我が耳をうたがひ、しばらくは信じられなかった。

その夜七時のラヂオで亦、『ホウ送』があった。隣組の人達は皆、向ひに寄った。やがて、ラヂオによっても、我が降伏は、動かせぬ真実となってしまった。何故、日本は降伏などしたのだ。一そ、爆弾で死んだ方も良いではないか。広島へ、おそるべき原子爆弾を落したさうであるが、おとしても降伏よりはましだとも思ふ。明日は勤務である。まだ当分列車は通らない見込み。また歩いて行かう」（前掲書『八戸市史』）

「なぜ、降伏などしたのか。いっそ爆弾で死んだ方がましだった」――いまの若い人たちには、この言葉は信じられないだろう。しかし、この言葉は、きわめて日本の伝統性に依拠したものなのだ。

「国（郷土）のため、君（天皇制国家）のために死ぬ」――。当時の日本人にとって、政治は国民のものでなく、天皇が決定するものだった。それが天皇と民衆との関係だったのである。

戦争も国民がまったく知らぬところで決定されていた。それに口出しすると、手錠をかけられる。だから、戦局が悪化し九分九厘、勝ち目のないところまで追い詰められても、まだ日本は絶対に勝つと信じ込まされていたのだ。

それはマスコミと決して無関係ではない。戦中の新聞や雑誌はすべて〝撃ちてしやまん〟〝空襲なんぞ恐るべき〟で塗りつぶされていた。マスコミは内務省や情報局の検閲下にあり、一方的な報道だった。日本は負けると思っていながら、マスコミは「勝った、勝った」と煽っていたのだ。

さらに、敗戦後、言論の自由が与えられたにもかかわらず、ＧＨＱ（連合国軍最高司令官総司令部）がつくったプレス・コード（新聞遵則）によって、空襲・戦災に関する報道は禁止された。したがって、空襲・戦災に関しては市民の体験記や日記を重要な資料として見てゆくより外になかったのである。

先の清沢洌『暗黒日記』に、こんな記述がある。

「日本には不敬罪がいくつもある。一、皇室。二、東條（英機）。三、軍部。四、徳富蘇峰——これらについては、一切の批判はゆるされない」（昭和十九年四月二十一日）

この状況は現在の日本にも当てはまるようだ。今日のマスコミで批判を禁じられているのは、「一、皇室。二、高級官僚」と言っていいだろう。もちろん、戦前の言論弾圧とはその質は相当ちがうけれども、言論は封じられているのだ。もっとも、日本に限らず、欧米でも韓国でも、軍隊を持つ国家は言論を統制し、国民に真実を知らせまいとするものだ。

＊敗戦と今回の大震災を比べると

——ところで、石橋さんは３・11、どこにおられましたか。

「自宅にいました。揺れが長く続くものですから、外へ出たら、町内の班長さんが避難しなさいと。でも、私は腰が痛くて歩けなくて……。家にいました」

電気はストップ。テレビは映らない。

――敗戦のときと、今回の大震災を比べると、どんなちがいがありますか。石橋さんは答えた。

「敗戦のときは、すべてを失ったという感じでした。それでも、みんなが一体となって、この事態を乗り越えようとしていました」

――現在はどうか。

「正直言って、当時ほどの危機感はないですね。政治家も国民もマスコミも……。とくに政治家は政局しか考えていないのではありませんか」

復興の道筋をどのようにつけるのか。日本の再建に必要な財政的な裏付けをどうしていくのか。きちんとした復興政策を打ち出してほしいと、石橋さんは願う。

＊胸を打つ生徒たちの感想文

青森県南部町立の、とある中学校。子どもたちは戦争をどのように受け止め、アメリカにどんな感情を持っているのか――。二学期になって平和教育の講演会が行われた。二〇一〇年十月、講師に迎えられたのが石橋カネさんである。話のタイトルは「私が見た戦争」。

石橋さんは子どもたちの目を見つめ、わかりやすい言葉を探しながら語りかけた。五十人近くの生徒たちは、じっと石橋さんの八戸空襲や戦争の話に耳を傾けた。石橋さんは語る。

「東京大空襲とか広島・長崎の原爆のことは知っていたけれども、私たちの住む八戸にも戦争があったのを初めて聞いたという子どもたちの感想文を読んで、私は驚きました。日本の平和教育はどうなっているんだろう、と」

石橋さんは八戸空襲だけでなく、戦時中の食糧難についても話をした。

「わが家は農家でしたから、白いご飯を食べていました。しかし、配給の人たちの主食はカボチャや大根でした。しかし、誰もが同じような境遇で、貧乏は当たり前のことでした」

生徒たちは、そんな時代もあったのかと、みんなびっくり。「よく、戦争のなかを生き抜いてきましたね」という生徒もいた。あるいは、「戦争は遠い場所で起こった出来事と思っていましたが、いま、考えると、そう思っていた自分が情けない」という生徒も。さらに、石橋さんは言葉をついだ。

「勉強は大事ですよ」

友達と遊んだり、机に向かって勉強することがなかった時代が、再びあってはならないことを石橋さんは強調した。

私は、石橋さんにお願いして、感想文のいくつかをコピーさせてもらった。たとえば、三年生のK君の感想文。

「石橋さんから戦争の講話を聞いて、大切なことをたくさん教えていただきました。人に対する接し方、命の大切さ、今わたしたちが生きていることが、どれほどすごいことなのかを改めて知ることができました。……（中略）わたしたちは恵まれた環境で暮らしています。このような状況があるのは、平和主義の憲法をつくってくれたからだと思います。戦争は、とても無駄なことだと思っていたけど、昔、戦争があったから、今の平和な日本があるのかなと思います」

もう一つ、一年生のK君の感想文。

「戦争は本当に、むなしいものだと思いました。なぜなら、人も亡くなってしまう。食べ物もなくなってしまう。戦争をやって何一ついい事はないと思いました。しかも、その戦争は歴史に刻まれていってしまう。でも、この戦争を語りつづけていく事によって、戦争のむなしさを世界の人に訴えて、これからも少しずつ戦争をなくしていくべきだと思いました。ぼくたち、日本の国は法律の『非核三原則』により『核兵器をもたず、つくらず、もちこませず』＝（戦争をしない）という法律があって本当によかったと思います」

＊自民党憲法改正草案の懸念

いま、憲法改正論議が盛んに行われている。自民党が示した憲法改正草案を軸に、発議要件を定める第九十六条や「戦争の放棄」をうたった第九条などをめぐって議論が交わされているが、自民党案は、これまでの「憲法で政治を縛る」という正統な立憲主義の系譜から逸脱している。

「長い歴史と固有の文化を持つ日本国」がまずあって、個人は「国と郷土を誇りと気概を持って自ら守る」存在と位置づけている。これは「個人」の可能性を最大限生かすという理念とはまったく逆で、まず「国家」があるという考え方である。つまり、個人より公益を鮮明にしているのだ。

「戦争の放棄」を定めた憲法第九条の「陸海空軍その他の戦力は保持しない」「交戦権は認めない」と戦力不保持をうたった第二項も削除。代わりに「国防軍」の創設を明記したほか、集団的自衛権行使も新たに加えた。

こうした動きを見ていて思うのは、子どもたちの「戦争をやって何一ついい事はない」という感性の鋭さである。このK君の作文を政治家たちはどう読むのか。

本来、戦争と無縁であるはずの子どもたちが、戦場で右往左往させられた時代を教訓にしなければならない。史実をしっかりと受け止めるべきだ。

私は齢《よわい》九十を迎えようとする石橋さんの話を聞いているうちに、あどけない少年少女の顔が浮かび、重なった。

II 戦没者慰霊碑（英魂之碑）の前に立って

＊八戸要塞跡から何を学ぶか

「八戸の戦跡を見ますか。防空壕も残っていますよ」

八戸市吹上に住む笹垣茂美さん（七七）に、こう尋ねられた。笹垣さんは元八戸市役所職員で、十歳のとき終戦を迎え、戦争の悲惨さを体験していた。教室には軍人勅諭が掲示され、宮城に向かって唱和する授業が日課だった。私は何のためらいもなく、答えた。

「もし、許していただけるのなら、ぜひ、行きたいですね」

私は一人の男性から八戸の戦跡情報を得るとは思ってもいなかった。私はレンタカーを借りて笹垣さんの案内で小雨のなか、国道三四〇号線沿いの八戸高校を過ぎ、緩やかにカーブを描いた急な坂道（通称、のぼり街道）を上っていった。眼下に町並みが広がっていた。

その付近には複数の陣地跡があった。八戸要塞跡である。図南小学校南側の対米戦車用の落とし穴や天狗沢（現・ゴミ処分場）のコンクリート製弾薬庫（トーチカ）が数個、散見された。番屋小学校（数年前廃校）から是川差波地域に向かう山間地にも多くのトーチカがあった。

山間地の突端には太平洋上から侵入する敵機を監視できる精巧な要塞が、当時のまま眠っていた。この要塞は終戦の前の年、戦局が悪化し、米軍の上陸が想定されたため、つくられたものだ。この要塞をつくるために、旧制中学生や女学生ら、北東北から延べ約九十八万人が動員されたといわれている。

たとえば、是川字雨溜二十の防御陣地。新井田川の砂、砂利などを使用し、セメントと混ぜ、型枠に流し込んだもの。その案内板には、こう記してあった。

「その当時、差波部落とこの雨溜地区に軍部一個中隊が駐屯して、地元の人たちをはじめ岩手、秋田、山形など近県より主に職人たちが集められ、さらに学徒動員による資材運搬等の協力を得て、構築完成させるも、一度も使われる事無く終戦となった。周辺にはもっと大きな防空壕が何箇所もあったが……（中略）、私の家では売却せず、幸いにも他二箇所も現存しており、戦時史を語る遺産として後世に伝えていきたい。

平成二十年六月吉日
八戸市是川字差波　差波紀一」

個人の手で保存されている防空壕（八戸要塞跡）

＊戦争遺跡は平和の価値と未来への指針

日本がかかわった近・現代の戦争遺跡は国内外に数十万を超えるといわれている。その戦跡を大別すると、次の三つのパターンに分けられるという。一つ目は、原爆ドームのように史跡指定されているもの。二つ目は、陸海軍の建物。たとえば、自衛隊基地の兵舎などに使用されているもの。三つ目は、壊されずにそのまま残っているもの（安島太佳由『日本戦跡を歩く』窓社）。八戸要塞跡は三番目の壊されずに残っている戦跡に入るだろう。

八戸要塞跡の戦争遺跡は是川字雨溜二十の防御陣地跡に見られるように、多くが個人の力で保存されていた。しかし、私は思った。「戦争遺跡の保存は個人の力では限界がある。もっと行政が手を差し伸べてあげるべきではないのか」と。

八戸市櫛引山田の防御陣地も見た。森に囲まれた戦闘用の陣地である。これらの戦争遺跡は近・現代史研究にとっても、また歴史教育や平和学習にとっても欠かすことのできない平和の証人（語り部）である。その保存は明日への指針となるものだ。

しかも、戦争体験者は年々、少なくなり、戦争の記憶は「ひと」から「もの」へと、確実に移行しつつある。歴史の証人でもある戦争遺跡を失えば、現在の平和の価値や未来への指針もわからなくなる。

いま、戦争をゲーム感覚で捉える若者が増えている。政治家のなかにも過去の戦争犯罪を隠ぺいして戦争を美化し、自衛隊と国防の強化を唱える人々もいる。国家主義の台頭である。われわれは歴史の証人としての戦争遺跡から戦争とは何か、平和創造はどうあるべきかを学ばなければならない。

３・11後、東日本大震災の被災地で被災を象徴する船や建物を撤去すべきかどうかの議論が起こっているが、もし震災被害のモノを撤去したら、百年後にはこの大震災の記憶は消え去ってしまうだろう。再び同じ悲劇を繰り返さないためにも、震災遺跡を後世に残さなければならない。

戦争の記憶も同じだ。アジア太平洋戦争の「生きた証人」である戦跡を消滅させることは、同じ過ちを繰り返すことを意味する。そのためにもボランティア団体だけでなく、各地の自治体などの行政も戦跡保存に取り組むべきではないのか。

＊闇に葬られている空襲死者

私は笹垣さんの案内で八戸市の東霊園も訪れた。霊園内にある戦争で亡くなった出征兵士、二千人以上の名が刻まれた戦没者慰霊碑（英魂之碑）を見るためである。慰霊碑には集落ごとに名前が刻まれていた。慰霊碑の前で笹垣さんは語った。

「戦争末期、八戸市のセメント工場や鉄橋、飛行場など米軍の艦載機による空襲を受け、一般の住民にも多くの犠牲者が出ました。しかし、犠牲となった民間人の慰霊碑は建立されていません」

私はこの話を聞いていて、激しい憤りを感じないわけにはいかなかった。なぜか。それは空襲死者が闇に葬られているからだ。大規模な空襲を受けながら、慰霊碑の一つもないとは……。

一方、外地での戦死者に対しては靖国神社に神様として祀《まつ》られ、総理大臣をはじめ、国会議員が毎年、参拝している。戦死者のための千鳥ケ淵墓地もあり、東京都戦没者霊園もあり、慰霊祭も執り行われている。

しかし、空襲で亡くなった死者には何もない。約十万人の身元不明になった遺骨がありながら、東京には納骨堂もない。これは死者に対する冒瀆《ぼうとく》である。国家として無責任な行為であり、道義的にも許されないことだろう。

同様に八戸市にも空襲死者に対する慰霊碑がないという。一体、なぜなのか。空襲の惨禍を歴史から消そうということなのか。それとも、戦争を美化し、都合の悪い民間犠牲者を抹殺しようとするのか。

東日本大震災の取材を通して、私のなかに再び蘇《よみがえ》った六十八年前の光景と恐怖。死者たちは何を告げようとしているのか。いま、あらゆる分野で利権を握る一部少数派（政治家、官僚、経営者）が情報を左右し、「物言わぬ多数派（庶民）」を取り込み、政治を動かしているのは、戦争時とそっくり。この構造を変えない限り、日本は再び、同じ過ちを繰り返すだろう。

＊撃沈された海防艦「稲木」

私は国指定天然記念物にもなっているウミネコ繁殖地として知られる八戸市鮫町の蕪島《かぶしま》の頂にのびる階段を上がった。そこに蕪島神社があり、近くに「海防艦稲木之碑」が建っていた。台座にはこう書かれていた。

「昭和二十年八月九日八戸港内に仮泊中の海防艦稲木は来襲せる米三十八機動部隊の艦載機群と交戦勇戦敢闘遂に沈没す」

海防艦とは戦争末期、物資等を輸送する船団の護衛にあたった艦船のこと。艦船「稲木」は同年七月、大湊港を出港、三陸方面に向かう途中、仮泊した蕪島沖で米軍艦載機大編隊の攻撃を受け、三時間の戦闘の末、撃沈され、死者二十九人、重傷者三十五人に上ったといわれている。

海防艦「稲木」。防波堤に次々と倒れる血まみれの水兵。手足を吹き飛ばされた負傷者を命がけで救助する地元漁民や看護師。その日の朝、八戸港蕪島沖は血の海だった。

蕪島を基点に南東にのびる大久喜までの海岸一帯を「種差海岸」という。国指定の名勝にもなっており、なかでも海に突き出た「葦毛崎《あしげざき》展望台」は人気のスポット。雄大な太平洋と変化に富んだ美しい海岸線を一望でき、季節にはたくさんの観光客が訪れるという。

「ここは戦争末期、旧日本軍のレーダー基地でした。飛来する米軍機をキャッチしたといわれているところです」

笹垣さんがきっぱりと言い終えて、崖下を見ると、荒々しい岩石の数々。そこへまるで幾頭もの獅子が、たてがみを振り乱して襲いかかるような波。「3・11」――。津波が襲ったときも、こんな波だったのだろう。一列に整然と隊列を組んで攻めあげるような……。

その波を見ながら笹垣さんは、

「自然に対して人間はもっと謙虚にならないといけませんね」

と、日本人は自然をおそれ、慈しむ穏やかな自然観に立ち返るべきだと言った。

＊連続テレビ小説「あまちゃん」

大野セツ子さん（八二）にカメラを向けて、「はい、じぇじぇじぇ」。「じぇ」とはびっくりしたときの方言。ＮＨＫの連続テレビ小説「あまちゃん」に登場する「北の海女」のなかでたびたび使われて、流行語になった。

モデルは岩手県久慈市の小袖地区だが、ここは八戸市小中野。八戸と久慈を結ぶ八戸線は、テレビ小説「あまちゃん」人気にあやかって、いつも満員。その八戸線沿いに大野さんの家はある。大野さんは毎日、楽しみに「あまちゃん」を見ているという。

「戦時中、ここにも海女さん、いたんだよ。憧れてたよ。小さいころから新井田川《にいだがわ》さ潜ってたよ。大きくなったら、海女さんになろうと思ってね」

大野さんはよく笑う。親戚や仲間同士だけでなく、突然、取材にやってきた私とも冗談を交わし、笑う。

ところが、戦争の話になると、とたんに笑顔が消えた。昭和二十年八月九日、高等科二年の十五歳。「あ、B29だ。早く逃げろ」と母の甲高い声。すぐ家の前にある防空壕に転がるように飛び込んだ直後、爆弾投下の大音響。

「防空壕がビシビシ揺れ、崩れ落ちるのかと思うほど、恐ろしい思いをしました。母と二人で『神様仏様、お守りください』と心のなかで祈り続けました」

大野さんは学徒動員で日東化学の軍需工場などで働いた。セメントを高館の陸軍飛行場まで運んだことも。勉強どころではなかった。祖父母や妹は疎開し、兄はシベリアで栄養失調のために戦死。母と二人きりの生活が続いた。

家は鉄道のそばだった。空襲となれば、真っ先に狙われるのはわかり切っていた。そこで母と一緒に諏訪神社に避難。まだ朝早い薄明かりのころだった。常現寺の脇道を通って走っていた。ふと、お墓を見ると、草が生い茂り、墓は畑のようだった。

「長く生きてきて、一番思い出すのは多感な時期を過ごしたあの時代です。決して忘れることはありません」

米爆撃機B29から空襲予告のビラも撒《ま》かれた。しかし、空襲予告日を二日後に控えた八月十五日、終戦を迎えたため、市街地は壊滅的な被害を免れたのである。

＊政府の対応はめちゃくちゃ

「どうも、どうも。お待たせしました」

柔らかな物言いと物腰――。青森県八戸市沼館の自宅で迎えてくれた元八戸市長の中里信男さんの顔色は良く、元気そうに見えた。二〇一三年六月十四日。「戦災と震災」――。

私は取材の目的を告げた。

「いいお仕事をしていますね」

と言ってくれた。

「地震は天災ですから、仕方ありません。しかし、その後の政府の対応はめちゃくちゃですよ。わが国は過去にいくつかの過ちを経験しましたが、菅内閣に象徴的に表れているな、と思いました。まさに『大本営発表』ですよ」

大本営発表とは、太平洋戦争中、陸・海軍の統帥機関である大本営が国民に向けて発表した戦況報告のことだが、その戦況報告は事実を隠ぺいし、意図的な情報だけを一方的に押し付けられた。中里さんは冷静沈着、言葉は丁寧だが、熱気を帯びていた。

「政府の対応は、自分の無能を告白するようなものでした。かつての戦争もそうでした。無能な官僚、軍官僚が同じような発想で国策を決めていったのとそっくりです」

＊学徒動員で国鉄盛岡工機部に配属

昭和十六年（一九四一）四月。盛岡工業学校機械科に入学した年の十二月に真珠湾攻撃があり、日本は太平洋戦争に突入。中里さんは三年生で学徒動員され、国鉄盛岡工機部に配属された。国鉄の機関車など車両を整備するところで、昼夜二交代制の旋盤工場で働いた。

昭和二十年（一九四五）三月十日。いつものように深夜十二時、工場でおにぎり一個とみそ汁の夜食を済ませ、ストーブのまわりにむしろを敷いてごろりと横になっていたときである。

「ザアー」と雨がたたきつけるような音がした。「なんでいまごろ、雪でなく雨なんだろう」と思っていたら、工場は一瞬のうちに火の海。雨音と勘違いしたのは実は焼夷弾の落ちる音だったのである。

「私たちは当時、焼夷弾で火災に遭ったら、ぬれたむしろをかぶせて砂をかけ、バケツリレーで水をかけろ、火の粉ははたきで叩いて消しなさい、と教わりました。しかし、砂やはたきが役に立つような状況ではありません。あっという間に火の手が広がり、逃げるのが精一杯。われ先にと、一目散に防空壕へ飛び込んだものです」

＊日本の勝利を信じた軍国少年

中里さんは日本の勝利を信じる軍国少年だった。しかし、このとき、初めて戦争に対して率直な疑問を持った。空襲で焼夷弾が雨のように降る現実は、神風神話を遠く押しやるのに十分な迫力だったからだ。

そのころ、「日本が負ける」というモンゴルからの留学生がいた。しかし、「そんなことはない。日本は絶対に勝つ」と中里さんは反論したこともあったという。

盛岡工業学校は五年制だが、戦時下で一年繰り上げ。空襲のあった三月に四年で卒業し、中里さんは日本砂鉄鋼業八戸工場（現日本高周波鋳造）に就職した。十八歳だった。北沼から三沢・淋代一帯の海岸で採れる海砂鉄を原料に、大砲の砲身に使われるバナジウムなどを生産する軍需工場だった。「欲しがりません勝つまでは」「撃ちてしやまん」――戦時下のこのスローガンのもと、若い青年たちは軍需工場で働いた。

当然、この軍需工場も米軍の攻撃目標になった。就職したこの年の七月と八月、二回空襲に遭い、グラマン戦闘機の機銃掃射も受けた。

＊もし、宿直で工場にいたら……

終戦六日前の八月九日早朝。この日、中里さんは宿直の予定だった。しかし、故郷から知人が訪ねてくることになり、八戸出身のSさんに交代してもらった。ところが、工作工場の事務所わきに爆弾が落ち、大きな穴ができた。

また事務所のなかは砕けたガラスや壊れた備品が散乱。いつも事務所で椅子を並べて仮眠していた場所も無残な状態だった。宿直を交代してもらったSさんは、この夜は防空壕のなかで仮眠をとり、空襲のときは事務所におらず、命拾いしたという。

「もし、この日、宿直していれば、私の命はなかったはずです。Sさんは私にとって命の恩人です」

九死に一生を得た二度目の空襲で日本砂鉄鋼業八戸工場は操業不能に陥ったのである。

＊8・15「終戦」虚脱感に襲われる

8・15「終戦」。それまで信じてきた価値観を根底から覆され、何をどうすればよいのか、空しい虚脱感が続いた。

そんなとき、職場の上司から「もう一度、学校で勉強し直してみては」と秋田鉱山専門学校（現秋田大学）を勧められた。決心し、昭和二十一年（一九四六）四月、秋田鉱専へ。しかし、アルバイトの仕事が面白く秋田鉱専を中退した。以下、中里さんの簡単な経歴を記す。

――一九六〇年、八戸市の東北建機工業社長。六四年、八戸鉄工協同組合理事長、八戸鉄工連合会長に就任した。六七年、八戸市議初当選で政界に進出。一期目途中で青森県議に転身。四期目途中の八五年、市長選に初挑戦。現職の市長に敗れたものの、八九年、市長選で初当選を果たした。

東北新幹線八戸開業を見据え、八戸駅前にユートリーと立体駐車場を整備。八戸港の国際物流拠点化と東南アジア航路の開設にも尽力。全国市長会理事や全国水道企業団協議会副会長、全国漁港協会理事などの要職を歴任。二〇〇一年任期満了で市長を勇退した。

＊大型漁船が無残にも横転

――ところで、3・11のときはどこにおられましたか。

「八戸港の造船所にいました。津波で船が転んでいました。警察官が来られて、ここにいたら、『危ないですよ』って。Uターンして高台のほうへ行って、助かりました」

立体駐車場もあって、そこに多くの人たちが避難した。イトーヨーカ堂の駐車場にも約六百人が避難。全員、助かった。

宮城、福島、岩手、青森の各県を襲った東日本大震災。八戸では最大震度五強を記録し、館鼻付近の痕跡からは六・二メートルに及ぶ津波を観測。岸壁には大型漁船が何隻も乗り上げ、無残にも横転した。

岸壁に並ぶ加工工場も激流に破壊され、まるで廃屋の姿を呈していた。八戸は水産の町。その水産に元気がないのは、人間でいえば、半身不随の病人状態といっていいだろう。

「一日も早く、復興させせなければなりません」

中里さんが市長として三期十二年、辣腕《らつわん》をふるった地である。早期復興を願う気持ちは人一倍強い。

＊なぜ、死者が少なかったのか

――それにしても、これだけの津波に遭いながら、なぜ、死者一人、行方不明者一人で済んだのか。その疑問を中里さんに尋ねた。中里さんは身を乗り出す。市長時代の姿がだぶった。

「やはり、八戸は防波堤に力を入れたのがよかったのかな。それと明治二十九年（一八九六）の三陸沖地震、昭和三十五年（一九六〇）のチリ地震、昭和四十三年（一九六八）の十勝沖地震、平成六年（一九九四）の三陸はるか沖地震など、数々の地震（津波）を経験していて、市民の側に心の準備があったからでしょうね」

なかでも、平成六年、暮れも押し詰まった十二月二十八日午後九時十九分に起きた三陸はるか沖地震は生涯、忘れることはできません、と言いながら、当時を振り返った。死者三人、重軽傷者七百八十三人、道路や建物などの被害額七百五十五億円という甚大な被害をもたらした地震である。

「電気、ガスは民間事業者の頑張りで早期に復旧しました。八戸圏域水道企業団が受け持つ水道は約三万世帯で断水しましたが、四日ほどで復旧のめどが立ちました」

と、中里さんは自身の回想録『道を求めて』（デーリー東北新聞社）で書いている。

「あれだけの地震に遭いながら、消防車が出動するような火災が起こらなかったのは奇跡に近い」と他県の防災関係者から評価されたこともあったという。

＊耐震管と消防緊急通信指令システムの導入

「不幸中の幸いと言えるでしょうが、私にはそれなりの理由があったように思います」

それは水道工事に導入した耐震管である。十勝沖地震を教訓に、八戸市がメーカーと共同開発し、全国に先駆けて昭和四十七年（一九七二）から導入を進めたもの。この耐震管を導入したことで地震の被害は少なくて済んだ、と中里さんは回想する。

さらに、言葉をついだ。

「幾多の先人の努力によって、万一の災害に備え、安全で安心して暮らせる町づくりを目指し、近代消防の基礎が築かれてきました。私も微力ながら、消防防災体制の充実に意を用いてきたつもりです」

その一つが、平成十二年（二〇〇〇）十二月に運用開始した消防緊急通信指令システム。広域十三市町村を網羅し、世帯主や住所、電話番号などが入力された最新のコンピューターを駆使。瞬時に現場の地図を検索、地図付き指令書を消防車に送ることで、より迅速で確実な対応を可能にしたのである。

二つ目が、市民病院に隣接して設置した防災コミュニティーセンター。ヘリポートを備え、万が一の災害や、洋上救急などの事故に対する救援活動の拠点となるものだ。まさに備えあれば憂いなし――。

もちろん、今回の地震で八戸港の防波堤は倒壊し、岸壁の損傷等、甚大な被害を受けた。施設は津波に呑まれ、流された。しかし、人命には及ばなかったのである。

＊種差海岸が三陸復興国立公園に指定

八戸市は、3・11後、「八戸市復興計画」を策定。「より強い、より元気な、より美しい八戸」の実現に向けて、防災行政の整備や災害公営住宅の建設などに取り組んでいる。そして蕪島《かぶしま》を起点とする種差海岸が三陸復興国立公園として指定された。

再び、中里さんに聞く。今後の八戸の町づくりについては？

「私は、『町づくりは市民の幸福を創造する総合芸術である』と常々、申し上げてきました。幸いにして、八戸は恵まれた自然や歴史、文化、人情豊かな都市形成資源を有し、大きな可能性を持った町です。また八戸は海と共に発展した町であり、国際貿易港の機能を十分に発揮していかなければならないと思います」

過去を知らずして未来を語ることはできない。先人先達たちは厳しい自然の風土に耐えながら、力を合わせて、たゆまざる努力を続け、荒波のような時代をくぐり抜け、今日のふるさとを築いてくれたと中里さんは強調する。

＊これからの日本の行く末は？

——これからの日本の行く末は？

「第二次世界大戦が始まるころ、日本は石油を一滴も輸入できなくなりました。それで石油のあるインドネシアに進出して開戦につながりました。心配なのはエネルギー問題から生じる国際紛争や戦争です。資源小国の日本にとって原発をやめるわけにはいきません」

震災から二年数カ月がたったいまも、福島第一原発事故の収束の見通しは立たず、反原発の声が高まっている。それでも原発推進の意見は変わらないのかを中里さんに聞いた。

「変わりません。安全性を確保して防災をしっかり進めることです。日本の優れた科学技術はもっと評価していいはずです」

私は一時間半、話を聞いて中里さん宅を辞した。階段を下りて見えなくなるまで、中里さんは見送ってくれた。原発は本当に必要なのか。私は車を運転しながら自問した。

III　地球上で最も美しい場所

＊ふるさとのうみ扇ケ浦への鎮魂歌

われは海の子／白浪《しらなみ》の／さわぐいそべの／松原に／煙たなびく／とまやこそ／わがなつかしき／住家《すみか》なれ

戦前の文部省唱歌『われは海の子』そのままに育った彼のふるさとは「扇ケ浦」。しかし、日本列島改造の嵐とともに、そのふるさとも地球上から消えてしまった。彼は昭和二十年代、小型底曳船やイカ釣船に乗り、沖合から八戸の海岸を遠望していた。

「海から眺めるふるさとの風景は何とも言えない美しさがありました」

彼、山根勢五さん（八八）はこう振り返った。わけても夏の夕暮れ時。扇ケ浦を囲む海岸段丘が夕陽を浴びて、森や林や人家が織りなすモザイク模様は息を呑む思いだった、と。

私は、この日、八戸市史編纂委員会（近現代部会長）の本田敏雄さん（七二）＝国立八戸高専名誉教授＝に会うために八戸市立図書館を訪ねた。二〇一三年六月十五日――。私はそこで偶然にも山根さんにお目にかかったのである。

山根さんは記憶の彼方に遠くなったふるさとの海のあれこれを綴った『扇ケ浦』という

作家の司馬遼太郎氏が「この地球上で最も美しい場所のひとつ」と称えた種差海岸（八戸市）

自伝本も出されていた。サブタイトルに「海猫よ　おまえの眼は泪でいっぱいだ　ふるさとのうみ扇ケ浦への鎮魂歌」とあった。

『扇ケ浦』によると、春先には北の潮に乗りやってきたトドやアザラシがのんびりと岩場で昼寝をしていたり、夏から秋にかけてはマイワシの大群が押し寄せ、地曳網からあふれて砂浜を埋めるほどの恵まれた海だったという。

八戸の海（種差海岸）を愛した作家や画家は多い。作家の司馬遼太郎は「この地球上で最も美しい場所のひとつ」と、この海を称えた。

画家の東山魁夷はこう書いている。

「ひとすじの道が、私の心に在った。夏の早朝の野の道である。……道だけを描いてみたら――と思いついた時から、ひとすじの道の

姿が心から離れなくなった」（『風景との対話』新潮新書）
魁夷の代表作「道」はこうして生まれた。そのふるさとの海も津波で呑まれてしまったのである。

＊宮中歌会始に入選

山根さんは歌人である。昭和四十一年（一九六六）一月、宮中歌会始に初入選した。

〝抱卵期に入りたる海猫《ごめ》の騒ぐ声
　夜更けて聞こゆ　向ひの島より〟

島とはいまの蕪島《かぶしま》。戦時中、アメリカ軍の来攻に備えて日本海軍が蕪島の地下壕構築を進め、その工事用道路として海面を埋め立てたもの。いまでは国指定天然記念物、ウミネコ繁殖地として全国的に知られている。私も蕪島に行ってみたが、ウミネコが島一帯を覆い尽くし、壮大な風景に圧倒された。

宮中歌会始の入選作の「ゴメ」の原型はカゴメで、神の加護を伝える鳥の意。メはツバメ・スズメに見られるように鳥の古称。ゴメはカモメ類の総称で古い呼び名。純白の羽毛に包まれ、グレーの翼をもつゴメは、いかにも神の使者といった風情を見せていた。
入選したこの年、皇太子殿下（現天皇陛下）ご夫妻が八戸を訪問され、「みなと・はちのへ」は大きな喜びに包まれた。この年の水揚げ高は二十五万三千トン。百十八億四千万円で、前年まで首位を続けてきた釧路港を抜いて、見事日本一の水揚げ高を記録した。

八戸は津波の多い町。そのために山根さんの歌には津波を歌ったものが多い。たとえば、昭和八年の三陸沖地震、昭和三十五年のチリ地震、昭和四十三年の十勝沖地震など。

「八戸は海とともにある町です。津波は仲間ですから、あまり怖いとは思わないですね」

こう言って、山根さんは今回の津波についての歌をノートに五首、書いてくれた。

・「裸馬ぁ鞍反さぬ」と潜水漁《かづきりょう》　つらぬくかこの浜の漁師ら
・水底に消えゆく声か　がれきより拾ひしトランペットの音色《ねいろ》
・大津浪に洗はれ一年　畦道に花ほころびぬタチツボスミレ
・浜風にさらされひたに耐えてゐる　陸前高田の一本松です
・大槌町死者の名簿にKの名も　少年飛行兵たりし八十五歳

――ところで、3・11のときはどこにおられましたか。

「八戸平和病院のベッドのなかにいました。海抜二十メートル以上の高台ですから、切迫感はなかったです。ただ、二、三日、電気はきませんでしたね」

――戦争のときの怖さと今回の地震の怖さを比べてみて、いかがですか。

「今回は怖いという恐怖感はありませんでした。病院の建物は鉄筋コンクリートだし、簡単につぶされるとは思っていませんから。しかし、空襲はちがいます。木造でほとんどが焼かれましたから。また防空壕だけには入りませんでした。窒息死する例がたくさんありましたから」

＊3・10東京大空襲の惨状

昭和十九年（一九四四）八月。学徒動員で横浜の工場に配置された山根さんは、B29編隊の東京爆撃や、空母から発進するグラマン機による空襲を毎日のように体験した。とくに昭和二十年三月十日の東京大空襲。本所深川で教員をしていた兄を捜すために東京にいた山根さんは、その焼け跡のにおいと悲惨な光景をいまもまざまざと思い起こすという。

「私は動員先の川崎の工場も宿舎も焼かれ、そして東京でも焼け出され、やっとの思いで八戸へ帰ってきました」

八戸に帰ってきたのは昭和二十年五月二十日。一望、焼け野原の東京とちがって、なんとのんびりした八戸の町かと思った。しかし、それもつかの間。二階の窓を開け、海を眺めた途端に、グラマン機の甲高い音——。

昭和二十年七月十四日早朝だった。町の人々にとっては寝耳に水の米軍機の来襲に、誰もが大慌て。防空頭巾を被って浜崖の横穴防空壕へと駆け込んでいく。しかし、横浜でグラマンの機銃掃射に襲われたことのある山根さんは、何と無謀な行動をする人たちだろう、と思った。防空壕に駆け込めば、逃げ場がなくなって、死んでしまうのに。それは東京大空襲でも多くの人たちが証言していることだった。

爆風の起きない焼夷弾に対して、防空壕は役に立たないどころか、かえって危険なのである。穴のなかで蒸し焼きになるだけだからだ。こうして防空壕のなかで多くの人たちが死んでいった。

＊空襲被害は国策による人災

しかし、理由はそれだけではない。「空襲時、退去禁止」という「防空法」が避難を妨げたのである。もし、防空法に違反すれば、一年以下の懲役または千円以下の罰則が科せられた。当時、教員の初任給は五十五円だった。

また消火活動も義務付けられ、違反した者には五百円以下の罰金が科せられた。要するに、空襲被害は避けられなかった偶然の災害ではなく、国策による人災だったのである。

3・10東京大空襲。焼け跡には男女の区別のつかない死体の山、山、山。防空壕のなかで蒸し焼きにされた死体である。二時間〜三時間にわたり、灼熱の火に追われ、逃げ場のない恐怖。身体に火が付き、断末魔の悲鳴をあげる極限の苦しみ。

山根さんは、そうした光景を見ているだけに、八戸市民が防空壕に駆け込んでいく姿に違和感を持ったのだろう。

＊八戸文化の心象拠点「石田家」

鮫駅から歩いて数分のところにある八戸文化の心象拠点「石田家」。秋田藩士・石田多吉が明治十六年（一八八三）に創業した老舗旅館である。石田村次郎が二代目多吉を継ぎ、「石田家」を一流の割烹旅館に育て上げ、この地方の政財界人や文化人の拠点となったのである。

この「石田家」が3・11の大震災で被災を受け、取り壊された。その際、蔵のなかから出てきた貴重な歴史資料千七十六点を八戸市立図書館に寄贈した。そのなかには初見のものを含めた『八戸市公報』十三点。そのほか、緒方洪庵訳『扶氏経験遺訓』や八戸特攻隊の隊員募集のチラシなどもあった。これらは近現代史研究に欠かせない資料だ。先の本田敏雄さんは言う。

「津波で被災した石田家には失礼かもしれませんが、蔵から思いがけない貴重な資料が出てきたことは大変な意味があります。これまで見たこともない資料もあり、近現代史研究にとって必要不可欠であり、後世に残す価値があります」

地震や津波など自然災害に見舞われた際、貴重な古文書などは汚れてしまい、捨てられることが多いという。しかし、これらの資料は、その地域の生活を伝えるもので、大切に保存していくべきだろう。大震災のさまざまな記憶を未来に引き継いでいくためにも。

さらに本田さんは語る。

「東日本大震災から、さまざまな課題が新たに持ち上がり、生活の復旧、復興もまだまだこれからです。そのなかで最も時間がかかるといわれているのが歴史資料の保存です。家族や地域の大切な記憶が失われないよう、根気強く進めていきたい」

＊占領軍が押収した日本の極秘文書

本田さんは『八戸市史——近現代資料編　戦争』を編集した一人だが、多くの資料は戦後、ＧＨＱに押収されたものだ。

「この資料はアメリカから返還された資料の一部です。多くの学者やジャーナリストが調査して持ち帰ったもので、本来なら、日本政府がやるべきものなのに、きちんとやってくれないのは残念です」

私はこの話を聞いていて、真っ先に思い出したのは、いまは亡きジャーナリスト松浦総三氏の次の言葉である。彼はかつて「東京空襲を記録する会」の事務局長で、「アメリカ押収資料の返還・公開を要求する会」の代表を務めていた。

「日本では金輪際、読むことのできない戦中の極秘や『マル秘』の公文書が、アメリカでは自由に見られました。しかし、日本に返還されると、『マル秘』文書だからという理由で、閲覧を断られたりしました」

日本政府は情報公開にきわめて消極的である。それでもアメリカが押収した太平洋戦争期の資料はいま、日本に返還されているが、その全体像——つまり、すべての文書が一般公開されているのか——についてははっきりしない。公開分の資料については国立公文書館や防衛研究所で閲覧できることになっているが、はたして極秘資料は自由に見られるのだろうか。

八戸空襲の全体像を明らかにするためには、GHQが押収した文書を精緻《せいち》に分析し、調査しなければならない。これらの文書の公開は、八戸空襲の全体像だけでなく、日本軍のシステムに内在するさまざまな問題をも明らかにしてくれるかもしれない。

それにしても、ワシントンの国立公文書館や議会図書館、メリーランド大学マッケルディン図書館がアメリカ側の資料とアメリカにある日本側資料（第二次大戦中及び戦後の米軍資料や旧日本軍関連資料など）を公開するようになって、かなりのことがわかってきたのは一歩前進だろう。

本田さんによると、八戸を攻撃したアメリカ軍が持っていた極秘資料から、米軍機は釜石と室蘭の間を行ったり来たりしていた。また沖縄戦が終わった後、米艦隊は北上して八戸沖に居座り、ここから艦載機が飛び立っていったという。

「これまでそういう事実を日本人のどなたも調べてこなかったのです。これからも新しい資料が出てくると思いますが、八戸空襲の全貌が明らかになるのは、まだこれから先でしょうね」

と、本田さんは語る。

＊エリートを育てた江田島海軍兵学校

「これから取材にお邪魔してもよろしいですか」

面識のない私に対して、彼は、「どうぞ、どうぞ」と言って、八戸市の自宅高層マンションで迎えてくれた。島守光雄さん、八十四歳。海軍のエリートを育てた江田島海軍兵学校

（第七十七期）の出身である。以下、島守光雄著『無位無官を愉しむ―私とメディアのめぐりあい』を参考にさせていただく。

昭和二十年八月六日朝。島守さんは遊泳訓練のため、広島の陸岸に相対する能美島《のうみじま》南岸にいた。突然、大きな雲が広島方面でむくむくと空へ伸びていった。原子爆弾投下直後のキノコ雲である。

そして終戦の日を迎えた。この日、午前中の講義は「原子爆弾」。講義の途中、正午に重大放送があるので、全員正装して練兵場に集まるようにとの達示があり、午後の日課は中止。それは天皇の終戦詔書があるためである。

「その瞬間、海軍兵学校の生徒館はすべて色を失い、かつその呼吸が止まったかのようにみえました」

島守さんは、まさか日本が負けるとは思っていなかったと、当時を振り返る。さらに言葉をついだ。

「私は同期生ともども特攻に志願して死ぬ覚悟を決めていました。それなのに、上のほうから一方的に戦いをやめろ、というのは何たることか、と」

当然、天皇をはじめ元帥大将たちは自ら切腹して戦死者へ謝罪するにちがいないと思った。しかし、この思いとは裏腹に戦争指導者の大半は、東京裁判で生き恥をさらすようなことになったのである。

数日後、復員帰郷が決定した。能美島南岸から瀬戸内海を渡って乗車駅の広島へ。瀬戸内は乗艦実習で訓練した練習艦「出雲」をはじめ、連合艦隊の精鋭といわれた戦艦、空母、巡洋艦などがいたが、目に飛び込んできたのは、あちこちに座礁・転覆・沈没している艦船だった。そこは、まるで海の墓場だった。

さらに広島に降り立ったところ、見渡す限り荒漠たる荒野が広がっていた。三十五万を誇った軍都・広島の姿は消えていた。勝つことを信じて疑わなかった島守さんは、この風景に粛然とする。「やはり、日本は負けたんだ」。島守さんは実感したという。

＊手紙や日記などすべてを焼却せよ

帰郷の際、武官教官から身元のわかる手紙や日記、教科書まですべてを焼却せよとの命令が出された。見つかると、米占領軍によって皆殺しにされるといわれていたからだ。島守さんは持ち返るべき衣服、下着類などに書いてあった氏名も墨で塗りつぶしたという。

「いま思うと、すべて流言飛語のたぐいです。しかし、当時は真剣そのものでした」

すべてを焼却処分せよ――。これは決して過去の話ではない。現在も国家権力や企業といったさまざまな組織が危機を乗り越えるために、証拠を隠ぺいする。しかし、いざ戦争となると、その代償はあまりにも大きい。組織を守るため、個人が犠牲にされるからだ。それが戦争という現実だ。

いまも世界各地で戦争は続けられている。イラク戦争では罪のない市民が殺害された。悲惨な内戦が続くシリアでは化学兵器が使われたと見られている。日本でも不穏な空気が漂い始めている。尖閣諸島をめぐって中国と緊張関係が続き、北朝鮮の脅威も高まっている。同じ過ちを繰り返さないために、どうすればいいのか。いま、再び、われわれは問われているのだ。

＊海軍兵学校の存在感

たった四カ月過ごした海軍兵学校は、島守さんにとってどんな存在だったのだろうか。とくに海軍士官は戦士である前に紳士であれ、と英国のパブリックスクールに似た伝統が受け継がれていたことは、島守さんの人生を決定づけたといってよいだろう。

同期生は日夜、寝食・学業・訓練を共にしているので、お互いにすべてを知り、かつ知られているため、何でも率直に自分をさらけ出すことができた。そこから絶対的な信頼が生まれ、それがまた団結を強めたのである。

「私が兵学校で得た最大の誇りは、信頼のおける人間を日本のあちこちに持つことができたことです」

島守さんは敗戦直後の三年間、弘前高校北溟寮で学生生活を送った。そして昭和二十四年（一九四九）四月、東京大学文学部社会学科に入学した。青森県の学生寮である清思寮から大学に通っていた三年間、下山・松川・三鷹の三事件やレッドパージ、朝鮮戦争などが相次ぎ、学生運動の昂揚期だった。島守さんも国会や各省庁へのデモに参加した。

いっぽう、ゼミナール担当の福武直《ただし》助教授らと秋田県の農村調査に同行したこともあった。福武助教授の推薦もあって、東大を卒業した後、広告代理業の電通に入社した。

「広告は興国に通ずる。敗戦ですべてを失った故国を興すため、天職とする広告にすべてを賭けよ」

入社時の吉田秀雄社長の訓示である。この社長の言葉に内心、抵抗があったが、大半の部分、間違っていなかった、と島守さんは回想する。

マスコミは販売と広告を収入源としている。その経営が健全でなければ、時の独裁者や政府の干渉を招きやすい。このことによって戦前、戦中、一方的な報道で目隠しされた民衆がどれほどひどい目に遭わされたことか。

だから、新聞社や民間放送局が独立性を維持していくためには、広告収入はなくてはならぬ重要な役割を担っている。要するに、広告業は経済の動因になるだけでなく、報道の独立性を守ることを自覚せよ、と吉田社長は言ったのである。この考え方はいまも島守さんの心のなかに息づいていることはいうまでもない。

島守さんは業務に追いまくられながら、物を書いていた。その第一は河出書房刊『マス・コミュニケーション講座』五巻「現代社会とマス・コミュニケーション」の第二章「広告」。日高六郎編集で昭和三十年刊である。

第二は電通の社内公募の広告八火賞一般論作に佳作賞をとったこと。論文テーマは「広告料率算定におけるＡＢＣ機構の価値」である。第三は電通従業員組合で「電通発展の道」というテーマで書いた論文。いずれも渾身《こんしん》の力をふりしぼって書き上げただけに、その後の著作活動の原点になっているという。

＊二十六年後の卒業証書授与式

「私たちは熾烈《しれつ》な戦争下において学徒動員に参加、川崎の三菱重工株式会社で必勝の旗の下に努力してまいりました」

昭和四十六年（一九七一）八月十五日、二十六年ぶりの母校の復元卒業式が行われた。式場は青森県立八戸高等学校体育館。集まったのは八戸中学校第四十九回ならびに第四十九回繰り上げ卒業生、復員卒業認定・修了者。

島守さんは江田島海軍兵学校に行くことに決まっていたので、川崎の学徒動員には参加していないが、一年繰り上げで卒業した。その卒業生を代表して答辞を読み上げた。式は修礼で始まり、君が代斉唱、物故者への黙禱。次に戦死者を含めた卒業生三百五十人の名前が読みあげられ、高橋晃武校長（当時）から卒業生代表に卒業証書が授与された。証書の発行日は昭和二十年三月三十一日。この昭和二十年は、日本教育史上において中学五年生と四年生が同時に卒業するという、かつてない異例のものだった。

――昭和二十年三月二十九日。神奈川県立横浜第一中学校で卒業式は挙行された。しかし、戦時下の混乱で卒業証書を受け取れず、そのまま保管されていた。その卒業証書も同年四月十五日のB29の空襲によって、灰燼《かいじん》に帰した。

「やっと、もらえたよ。同期の皆さんとも再会できて、うれしいね」――。島守さんらは卒業証書を手にして喜び合った。

島守さんは電通を定年と同時に郷里八戸に帰るや八戸大学に勤務の傍ら、「まちづくり」のために奔走し、数々の提言を行ってきた。今回の東日本大震災の「八戸を軸とする東北地区の復興基本方針」として、「富と人を太平洋ベルトライン地域に集中させた明治以来の中央集権体制を地方分権、地産地消、資源環境型の自然と人間が抱擁する温かな社会への転換を図る」「三陸海岸一帯を観光地に組みかえる」など八つの試案を掲げている。

＊八戸ペンクラブを立ち上げる

不羈《ふき》独立の気概をもって意見を発表し合い、地域の文化活動を刺激し、ひいては人間の連帯と世界の平和に寄与する——。

国際ペンクラブ、日本ペンクラブに連なる八戸ペンクラブも設立した。二〇〇三年五月二十四日、八戸会館一階ホール。

ペンクラブは一九二一年、第一次世界大戦の悲惨な経験を繰り返さないために詩人、作家、編集者などが国や人種を超えて話し合い、人間の自由と平和のために必要な言論、報道の自由を堅持することを目的につくられたものだ。

また日本ペンクラブも昭和十年、島崎藤村を会長として言論報道の自由を堅持することを目的として発足した。日本ペンクラブが国内や国際的文化組織であるとすれば、八戸ペンクラブは八戸地域を発展させ、文化向上のリベラルな組織と島守さんは位置付けている。その一環として八戸ペンクラブは戦争を忘れないために「戦中暮らしの実物史料展」などを連続的に開催し、非戦と平和を訴えてきている。

八戸ペンクラブは太平洋戦争が終結してから六十八年、戦争体験者も年々、少なくなっているなか、再び、同じ過ちを繰り返さないために、島守さんが中心となって立ち上げたものだ。島守さんは自伝本でこう書いている。

「近年になって、非常に気がかりなことは、偏狭な正義感や排外的な国家主義をあおっている御用学者や文化人、その尻馬に乗るマスメディアが増えてきたことである。これは、中国や韓国はじめアジア諸国からつきつけられる各種の補償問題に対して反応の鈍い日本政府を許容するだけにとどまらず、むしろ開き直る態度などに端的にでている」(『無位無官を愉しむ』)

これは戦争の生々しい記憶が消え、戦争責任問題が薄れかかっていることと無関係ではない。島守さんはいま、慙愧《ざんき》の思いでこう振り返る。戦前に受けた皇国民教育がいかに虚構に満ちたものであったか、と。

同時に、自分がかつて生きてきた昭和初期(昭和元年〜昭和二十年)、軍事が政治の上位に位置し、しかも当時の指導者が「世界」を忘れ、「日本」だけを誇示する政治的能力を欠いた者たちであったか、と。そして時代の動向を見通すことができず、国際連盟さえ脱退して、世界の孤児になった日本は敗れるべくして敗戦を迎えたと指摘する。

＊誤った大国意識は捨てよ

なぜ、日本はドイツとは対照的に賠償や補償問題が遅々として進まないのか。島守さんは述べている。

「日本のリーダーたるべき政治家、官僚、財界人、裁判官たちに人間としての良心の痛みがないからだろう。いや、むしろ、これらのリーダーたちが、石原慎太郎元東京都知事の『第三国人』発言のように、たかが『第三国人が何を言うか』という誤った大国意識が心の底に沈殿しているのではないのか」

島守さんは大正・昭和期に活躍した陸羯南《くがかつなん》、内村鑑三、幸徳秋水、石橋湛山のように自国の政策に敢然と立ちはだかる操觚者《そうこしゃ》がいまの日本には一人としていないことを嘆く。内村鑑三著『デンマルクの国の話』の一節。

「国の大なるは決して誇るに足りません……外にひろがらんとするよりは、内を開発すべきであります」

国家の安全にとって大事なのは経済力と軍事力増強ではない。平和主義と主権在民、基本的人権の三つの精神を守ることだ、という島守さんの明晰な論に、ここは立ち止まって熟考すべきではないのか、と思った。

おわりに

本書は月刊誌『公評』の連載「戦災と震災――なぜ、日本人は同じ過ちを繰り返すのか」（二〇一二年八月号〜一三年十二月号）および連載「太平洋戦争とフクシマ――悲劇はなぜ繰り返されるのか」（二〇一四年一月号〜四月号）を編集して単行本化したものである。

私は津波で家屋や車が流されるテレビ映像をみた瞬間、前例のない巨大な災害であることを感じた。そして翌日の被災地の映像を眺めて息を呑んだ。それは戦時中、米軍のB29によって爆撃された日本の都市空襲と同じ情景だった。また広島・長崎に原爆が投下された被爆地と似ていると思った。

私は、何かせずにいられないという思いに駆られた。

取材はまずネタ探しから始まるのが鉄則だが、その当てもない。現地でネタを探す以外に方法はない。そう思って、とりあえずビデオカメラとICレコーダーとノートを持って現地に入った。まずは仙台市の「戦災復興記念館」へ。3・11から四カ月がすぎていた。

ここで仙台空襲と東日本大震災の両方を体験された方々を紹介してもらった。市役所へも足を運び、大震災の状況を聞いて回った。その後、岩手県の釜石市、福島県の郡山市・南相馬市、青森県の八戸市等を訪問した。

私が被災地の現場に立って思ったことは、戦前も戦後も日本の構造的システムは何ら変わっていないことだった。なぜ、同じ悲劇が繰り返されるのか。太平洋戦争という「国策」によって犠牲になった人々と、津波や放射性物質に追われ、いつわが家に帰れるかもわからない人々の怒りが二重写しになって感じられた。

未来に絶望的な核と原発、そして戦争。3・11から三年が経過したいま、私はあらためて戦後日本が抱え込んだ「国策の暴走」を再認識した。「国策」という言葉をキーワードにしていけば、「太平洋戦争と東日本大震災」は同じ次元の問題として捉えることができる。いや、そう捉えるべきだ、と考えるようになった。

私は取材から帰って、ＩＣレコーダーに入れた取材者の声を聞きながら、原稿を書き進めた。四百字詰め原稿用紙で二百五十枚ぐらいになったときに、友人の文芸評論家・岡庭昇さんに話したら、月刊誌『公評』に持ち込んだらよいという。そのためには創刊時から『公評』にかかわっているルポライターの坂口義弘さんを通したほうが、よりベターだろうと言われた。

実は坂口さんとは旧知の間柄。さっそく、電話を入れて趣旨を話したところ、こころよく引き受けてくださり、『公評』編集部の斎藤真理子さんにつなげてくれたのである。

連載は二〇一二年八月号から始まった。毎回、四百字詰め原稿用紙で二十二〜二十三枚だった。

今年一月号からやはり『公評』で「太平洋戦争とフクシマ――悲劇はなぜ繰り返されるのか」という新しいタイトルで続編を書いているが、「ヒロシマ・ナガサキからフクシマへ」の一章を加えて、出来上がったのが本書である。

本書は東北の被災地で出会った多くの方々の取材から生まれたものである。協力してくださった方々の思いを十分に伝えることができたかといえば、いささか心もとない限りだが、皆さんの協力なしに本書を書き上げることはできなかった。

よそ者の私に対し、また突然の取材にもかかわらず、こころよく貴重な時間を割いてご協力いただいた皆様に、この場を借りて御礼申し上げたい。なかには、いままで誰にもしゃべることなく、また体験として書くこともなく、戦後六十九年を過ごしてきた方もいた。

宮城県内の取材で、二回わざわざ山形県から車で案内してくださった昔の同僚・塩澤倬さん、釜石では町内会長の菊池新之助さん、南相馬市では詩人の若松丈太郎さん、アマチュアカメラマンの大槻明生さんなど多くの方々にお世話になった。また現在、南相馬市から川崎市に避難している山崎健一さんにも資料提供でお世話になった。

さらに『公評』連載中から私の原稿をブログで世界に発信してくれていた前坂俊之さん（静岡県立大学名誉教授）にも多大なご迷惑をおかけした。

なお、本書の第一章は「ヒロシマ・ナガサキからフクシマへ」、第二章は「3・10東京大空襲から3・11東日本大震災へ」とした。『公評』の連載順でないことをご承知願いたい。また年齢や肩書、年月日は原則、掲載（取材）時のままにした。

二〇一四年三月十一日　東日本大震災から三年が経過した日

片野　勧

片野 勧（かたの・すすむ）

1943年、新潟県生まれ。フリージャーナリスト。日本ペンクラブ会員、日本マス・コミュニケーション学会会員。著書に『メディアは日本を救えるか』（蝸牛社）、『マスコミ裁判――戦後編』（幸洋出版）、『日本の空襲』（第二巻、共著、三省堂）、『捏造報道――言論の犯罪』（音羽出版）、『戦後マスコミ裁判と名誉毀損』（論創社）、『明治お雇い外国人とその弟子たち』（新人物往来社）ほか。

8・15戦災《せんさい》と3・11震災《しんさい》

なぜ悲劇《ひげき》は繰《く》り返《かえ》されるのか

二〇一四年七月三日　初版第一刷発行

著　者　片野《かたの》　勧《すすむ》

発行者　大島光明

発行所　株式会社　第三文明社
東京都新宿区新宿1-23-5　〒160-0022
電話番号　03-5269-7154（編集代表）
　　　　　03-5269-7145（営業代表）
振替口座　00150-3-117823
URL　http://www.daisanbunmei.co.jp

印刷・製本　藤原印刷株式会社

ISBN978-4-476-03331-1